Sexuell frei Leben

In diesem Buch wird das Rätsel gelöst, wie ein Mensch im Sieg über die Sünden der Unzucht und des Ehebruchs leben kann. Es zeigt eine Strategie auf, mit der wir über diese Sünde siegen können, und es stattet den Leser mit dem Wissen um die Wahrheit aus, welche uns in echte Freiheit führen kann.

Sexuell frei Leben

Wie man den Geist des Ehebruchs und der Unzucht enthüllt und überwindet

Sunday Adelaja

1. Ausgabe

Bibliografische Information der Deutschen Nationalbibliothek:
Die Deutsche Nationalbibliothek verzeichnet diese Publikation
in der Deutschen Nationalbibliografie; detaillierte
bibliografische Daten sind im Internet über http://dnb.dnb.de
abrufbar.

© 2013 Sunday Adelaja & ap&p
Tope Omotoye, Frankfurt/Main & Natalia Potopaeva, Berlin
Weitere Informationen am Ende des Buches.
Übersetzung des Buches „Living sexually free"

Exposing the spirit of adultery and fornication and how to overcome it

Bibelzitate sind aus der Revidierten Elberfelder Übersetzung
übernommen, wenn nicht anders vermerkt. Elberfelder Bibel,
© 1985/1999/2006 R. Brockhaus Verlag, Wuppertal

Illustration: Salome Ballentin für ap&p
Übersetzung: Gudrun Wessels, Gießen
weitere Mitwirkende: Foto: Salome Ballentin für ap&p
ap&p - 23966 Wismar, Bohrstr. 2, Tel. +49 3841 242022

Herstellung und Verlag: BoD – Books on Demand,
Norderstedt
ISBN: 978-3-7322-4266-5

Vorwort des Autors 6

Einführung 8

Die zerstörerische Kraft von Unzucht und Ehebruch 22

Vor den Toren Sodoms 43

Stell dir nicht selbst eine Falle 58

Die Macht über die Gedanken ist der Sieg über das Fleisch 75

Das Problem der sexuellen Unmoral lösen.106

Unmoral und die Vaterschaftskrise 135

Die kostbare Kraft der Heiligung 148

Epilog 161

Pastor Sunday Adelaja und die Embassy of God 168

Vorwort des Autors

Ich möchte, dass wir uns alle zusammen darüber freuen, dass dieses Buch nun veröffentlicht wurde. Seit acht Jahren habe ich darüber nachgedacht und es vorbereitet, nicht nur intellektuell, sondern auch geistlich. Ich glaube, dass sowohl die Welt als auch die Gemeinde schon lange auf ein Buch wie dieses gewartet hat, ein Buch, das sich mit einem heute so wichtigen Thema beschäftigt.

Das Thema Unzucht und Ehebruch ist von so großer Bedeutung, dass es nicht länger einfach nur zur Seite geschoben werden kann.

Ich kann mir vorstellen, wie sehr der Teufel und die ganze Hölle zittern und in Wut geraten, weil wieder einmal eine ihrer geheimen Strategien aufgedeckt wird. In diesen letzten Tagen ist Sex zu einer der bedrohlichsten Waffen Satans geworden, mit der er alle die tötet und zerstört, die nicht wachsam sind, Christen ebenso wie Ungläubige.

Heute wird Sex in den Massenmedien und in Hollywoodfilmen glorifiziert, und für viele Menschen ist Sex zu einem Götzen geworden. Dieser Götze muss zerstört werden, damit die, die ihn anbeten, freigesetzt werden können. Das Opfer Jesu Christi und sein Blutvergießen haben uns den Sieg gegeben über „Babylon die Große".

Ich möchte dich ermutigen, dieses Buch sehr ernsthaft zu lesen. Du solltest nicht nur einen Blick hineinwerfen. Du solltest es studieren und es wie „Medizin" anwenden, dann wirst du lernen, mit den Waffen der Wahrheit zu kämpfen, die in diesem Buch vorgestellt werden, denn nur indem wir die Wahrheit erkennen, können wir frei werden. (Johannes 8:32).

Nur weil auch ich selbst diese Wahrheiten verstanden habe, war ich in der Lage, in meinem Werk als Diener Gottes standhaft zu bleiben, und nicht zu einem Opfer zu werden.

Ich glaube, dass dieses Buch das Leben vieler potentieller Opfer retten und auch dich stark machen wird, um standhaft zu bleiben und Versuchungen zu überwinden. Ich freue mich, denn ich weiß, dass du, nachdem du dieses Buch gelesen haben wirst, sagen kannst: „Ich werde niemals fallen!" Am wichtigsten dabei ist es, die geistlichen Prinzipien zu kennen, die uns dazu befähigen, im Angesicht jeder Art von Versuchung standhaft zu bleiben.

Der Herr ist unsere Kraft und Stärke: Er ist auch unsere Hoffnung und Zuversicht. Wenn wir Gott kennen, seine Geheimnisse und seine Prinzipien, dann werden wir tatsächlich mehr als Überwinder sein.

Ich danke dem Herrn dafür, dass du dieses Buch in deinen Händen hältst und nun damit beginnen kannst, deinen Sieg über den Geist der Unzucht, des Ehebruchs und anderer sexueller Sünden zu feiern.

Willkommen zu einem neuen Leben, einem Leben, in dem du sexuell frei sein kannst!

In der Liebe Christi verbunden,

Sunday Adelaja

Einführung

Die Bibel ist das lebendige Wort Gottes, und es beschreibt die ganze Geschichte der Menschheit und deren Entwicklung. Das Buch der Offenbarung, das letzte Buch der Bibel, spricht prophetisch zu uns über die Ereignisse der letzten Tage:

Und es kam einer von den sieben Engeln, welche die sieben Schalen hatten, und redete mit mir und sprach: Komm her! Ich will dir das Gericht über die große Hure zeigen, die an vielen Wassern sitzt,

mit der die Könige der Erde Unzucht getrieben haben; und die Bewohner der Erde sind trunken geworden von dem Wein ihrer Unzucht.

Und er führte mich im Geist hinweg in eine Wüste; und ich sah eine Frau auf einem scharlachroten Tier sitzen, das voller Lästernamen war und sieben Köpfe und zehn Hörner hatte.

Und die Frau war bekleidet mit Purpur und Scharlach und übergoldet mit Gold und Edelgestein und Perlen, und sie hatte einen goldenen Becher in ihrer Hand, voller Gräuel und Unreinheit ihrer Unzucht;

und sie hatte an ihrer Stirn einen Namen geschrieben, ein Geheimnis: Babylon, die Große, die Mutter der Huren und der Gräuel der Erde.

Und ich sah die Frau trunken vom Blut der Heiligen und vom Blut der Zeugen Jesu. Und ich wunderte mich, als ich sie sah, mit großer Verwunderung. Offenbarung 17:1-6

Gott öffnete Johannes geistlich die Augen und zeigte ihm, was in den letzten Tagen auf der Erde geschehen wird. Diese Vision bewirkte etwas in ihm.

Er sah darin eine Frau in Gestalt einer großen Hure, ein außergewöhnlich starker Geist. Der Geist hatte eine starke Autorität und einen großen Einfluss, und er kontrollierte diese Welt und alle, die darin leben, für einen langen Zeitraum. Und diese üble, sündhafte Macht erhob sich selbst, wie eine Hure, und zerstörte das Leben, indem sie die Abscheulichkeit ihrer Unzucht über die ganze Welt ausgoss und sich dabei mit dem Blut der Heiligen betrank.

Gott möchte, dass wir hinter vielen Ereignissen, die in der Vergangenheit geschehen sind und auch heute noch geschehen, denjenigen sehen, der dahinter steht. Verdorbenheit, Perversion, Drogen, Kriege, Mord, Verfolgung und Korruption geschehen nicht von alleine; es gibt bestimmte geistliche Mächte, die im Hintergrund am Werk sind. Einer der mächtigsten, erschreckendsten und abscheulichsten Geister, der in der heutigen Welt regiert, ist der Geist der Unzucht oder Hurerei **„Babylon die Große, die Mutter der Huren und der Abscheulichkeiten der Erde"**.

Gott sagte zu Johannes: *„...Komm her! Ich will dir das Gericht über die große Hure zeigen."* (Offenbarung 17:1) Diese Aussage, für sich genommen, bestätigt, dass dieser Geist bereits unter einem Fluch und unter Gottes Gericht steht. Es ist also gleichgültig, wie viel Macht sie heute haben mag oder wie mächtig sie auch aussehen mag, Gott hat sie bereits verdammt.

Und heute öffnet Gott uns die Augen, um das Geheimnis dieser Hure zu verstehen, damit die Menschen in diesen letzten Tagen nicht von ihren Fallstricken der Unreinheit eingefangen werden:

„Warum wundertest du dich? Ich will dir das Geheimnis der Frau sagen und des Tieres, das sie trägt und die sieben Köpfe und die zehn Hörner hat." Offenbarung 17:7

Gott öffnet uns die Augen, so wie er auch Johannes die geistlichen Augen geöffnet hat, damit wir in sein Licht eintreten können, im Licht wandeln und Kinder des Lichts sein können.

denn ihr alle seid Söhne des Lichtes und Söhne des Tages;

1.Thessalonicher 5:5

„Denn einst wart ihr Finsternis, jetzt aber seid ihr Licht im Herrn. Wandelt als Kinder des Lichts" Epheser 5:8

Dieses Buch wird dir helfen, die Wahrheit zu erkennen. Es wird dir die Augen öffnen, um die Täuschung zu sehen, die heute als Norm dargestellt wird. Es wird dich mit Prinzipien ausrüsten, die dich befähigen, rein und sicher zu bleiben, so wie Noah inmitten weltweiter Sittenlosigkeit rein erhalten wurde. Wir werden uns zusammen das Problem der Unzucht und ähnlicher sexueller Unmoral ansehen und deren Konsequenzen betrachten. Wir werden auch Wege entdecken, um frei davon zu werden. Wir werden lernen, wie wir im Sieg über diese Dinge leben und auch anderen dabei helfen können.

Warum sprechen wir heute über Unzucht?

„Und es kam einer von den sieben Engeln, welche die sieben Schalen hatten, und redete mit mir und sprach: Komm her! Ich will dir das Gericht über die große Hure zeigen, die an vielen Wassern sitzt,

mit der die Könige der Erde Unzucht getrieben haben; und die Bewohner der Erde sind trunken geworden von dem Wein ihrer Unzucht." Offenbarung 17:1,2

Die große Hure hatte ein Geheimnis, das sie lange Zeit verborgen gehalten hatte. Aber die Engel sagten zu Johannes:

„Warum wundertest du dich? Ich will dir das Geheimnis der Frau sagen und des Tieres, das sie trägt und die sieben Köpfe und die zehn Hörner hat." Offenbarung 17:7

Heute enthüllt Gott alle Geheimnisse und Intrigen des Teufels. Er deckt sie vor den Augen seiner Kirche auf, damit wir in der Lage sind, in diesen letzten Tagen die richtige Haltung einzunehmen.

Und ich hörte eine laute Stimme im Himmel sagen: Nun ist das Heil und die Kraft und das Reich unseres Gottes und die Macht seines Christus gekommen; denn hinabgeworfen ist der Verkläger unserer Brüder, der sie Tag und Nacht vor unserem Gott verklagte.

Und sie haben ihn überwunden wegen des Blutes des Lammes und wegen des Wortes ihres Zeugnisses, und sie haben ihr Leben nicht geliebt bis zum Tod!

Darum seid fröhlich, ihr Himmel und die ihr in ihnen wohnt! Wehe der Erde und dem Meer! Denn der Teufel ist zu euch hinabgekommen und hat große Wut, da er weiß, dass er nur eine kurze Zeit hat. Offenbarung 12:10-12

Glücklich sind die, die im Himmel wohnen, in der Stadt des Herrn! Glücklich und gesegnet sind die, die der Unzucht und den Abscheulichkeiten dieser Erde, der Verdorbenheit und der Lust entfliehen.

Gott möchte uns bewusst machen, dass dieser Geist der Unzucht jeden Bereich der Gesellschaft beeinflusst. Genauer gesagt übt er Kontrolle über jedes Land der Erde aus.

Und er spricht zu mir: Die Wasser, die du gesehen hast, wo die Hure sitzt, sind Völker und Völkerscharen und Nationen und Sprachen;

„Und die Frau, die du gesehen hast, ist die große Stadt, welche die Königsherrschaft über die Könige der Erde hat."

Offenbarung 17:15,18

Die Erde ist heute erfüllt von der Sünde der Unzucht und ähnlichen sexuellen Sünden. Auf allen Ebenen, in allen Lebensbereichen und in jeder Gesellschaftsschicht, wird der Wein des Ehebruchs ausgegossen. Dieser Wein macht die Menschen betrunken mit Erwachsenen- und Kinderprostitution, Homosexualität, abscheulichen Perversionen, Vergewaltigung und sogenannten „harmlosen" wilden Ehen. Soziologen geben an, dass 50 % aller Frauen, die heiraten, keine Jungfrauen mehr sind, und etwa 90 % aller jungen Männer haben Sex vor der Ehe. Sie leben in offener Unzucht, was dazu führt, dass sie enttäuscht werden, krank werden und sterben.

Sie kennen die Wahrheit oder die Kraft Gottes nicht, um der Unzucht widerstehen zu können. Deshalb sagt Gott heute zu uns:

Und er rief mit starker Stimme und sprach: Gefallen, gefallen ist Babylon, die Große, und ist eine Behausung von Dämonen geworden und ein Gefängnis jedes unreinen Geistes und ein Gefängnis jedes unreinen und gehassten Vogels.

Denn von dem Wein der Wut ihrer Unzucht haben alle Nationen getrunken, und die Könige der Erde haben Unzucht mit ihr getrieben, und die Kaufleute der Erde sind durch die Kraft ihrer Üppigkeit reich geworden. Offenbarung 18:2,3

Unzucht, Ehebruch und voreheblicher Sex sind nur einige der Perversionen der heutigen Gesellschaft. Der Mensch, der mit diesen Abscheulichkeiten lebt, wird *„eine Behausung von Dämonen und ein Gefängnis jedes unreinen Geistes und ein Gefängnis jedes unreinen und gehassten Vogels .....!"*

Krankheit, Unglück, Fluch, Tod und alles andere, das der Teufel bringen kann, wird einem Menschen anhaften, wenn er ein solches Leben führt. Er wird diese Flüche anziehen wie ein Magnet das Eisen, und er wird sich fragen, wie all das Leid in sein Leben gekommen ist.

Wonach suchen die Menschen, wenn sie Unzucht treiben? Möchten sie mehr Befriedigung, Freude oder Erfüllung? Aber ist es nicht Gott, der all dieses schenkt? Ist nicht er derjenige, der Glück und Freude, Erfolg und Geld, Kinder und jemand Besonderen, den man lieben kann, schenkt? Wie kann man dann erwarten, all diese Dinge in Unzucht, Ehebruch und Ausschweifung zu finden, wenn man sich von Gott abwendet?

Die Wahrheit und das Geheimnis dieser babylonischen Hure ist, dass jene, die ihr folgen, nicht nur all das nicht bekommen, wonach sie sich sehnen, sondern auch das verlieren, was sie schon haben.

Sie essen, aber werden nicht satt werden. Sie treiben Hurerei, doch sie werden sich nicht ausbreiten. Denn sie haben es aufgegeben, auf den HERRN zu achten.

Hurerei, Wein und Most nehmen den Verstand weg.

Mein Volk befragt sein Holz, und sein Stab gibt ihm Auskunft. Denn der Geist der Hurerei hat es irregeführt, und sie huren von ihrem Gott weg. Hosea 4:10-12

Der Teufel ist ein Lügner. Er bietet vieles als harmloses Vergnügen an. Nach außen hin sieht alles sehr schön aus:

Und die Frau war bekleidet mit Purpur und Scharlach und übergoldet mit Gold und Edelgestein und Perlen, und sie hatte einen goldenen Becher in ihrer Hand, voller Gräuel und Unreinheit ihrer Unzucht. Offenbarung 17:4

Wohlstand, Casinos, Restaurants, teure Autos, schicke Kleidung, moralische Freiheit: Diese üppige Lebensart hat viele Menschen getäuscht. Sie haben Illusionen vom Glück und Illusionen vom Paradies… Die babylonische Hure lebt ein Leben von üppigem Luxus, aber viele Menschen sehen nur das, was sie nach außen hin darstellt. Gott zeigt uns, was sich hinter all diesem Luxus und all dieser schicken Kleidung verbirgt. Ihr sündiges Leben wird dazu führen, dass Gott „ihre Säume hochheben" und all ihre Schande aufdecken wird.

„Und so werde auch ich deine Säume hochheben über dein Gesicht, dass deine Schande gesehen wird." Jeremia 13:26

Denn ihre Mutter hat gehurt; die mit ihnen schwanger ging, hat Schande getrieben. Denn sie sagte: Ich will meinen Liebhabern nachlaufen, die mir mein Brot und mein Wasser geben, meine Wolle und meinen Flachs, mein Öl und mein Getränk.

Darum: Siehe, ich will ihren Weg mit Dornen verzäunen, und ich will ihr eine Mauer errichten, dass sie ihre Pfade nicht finden kann.

Dann wird sie ihren Liebhabern nachjagen und sie nicht erreichen, und sie wird sie suchen und nicht finden. Dann wird sie sagen: Ich will mich aufmachen und zu meinem ersten Mann zurückkehren, denn damals ging es mir besser als jetzt.

Aber sie erkannte nicht, dass ich es war, der ihr das Korn und den Most und das Öl gab, und dass ich ihr das Silber vermehrte und das Gold - sie aber haben es für den Baal verwendet. Hosea 2:7-10

Wehe der Blutstadt! Ganz erfüllt mit Lüge und Gewalttat! Das Rauben hört nicht auf. -

Peitschenknall und lautes Rädergerassel! Jagende Pferde und springende Wagen,

wilde Reiter, flammendes Schwert und blitzender Speer! Eine Menge von Erschlagenen, Haufen von Toten und Leichen ohne Ende! Man stolpert über ihre Leichen.

All das wegen der vielen Hurereien der anmutigen Hure, der Zauberkünstlerin, die Völker verkaufte mit ihren Hurereien und Sippen mit ihren Zauberkünsten.

Siehe, ich will an dich!, spricht der HERR der Heerscharen. Ich werde deine Säume aufdecken bis über dein Gesicht und werde die Nationen deine Blöße sehen lassen und die Königreiche deine Schande. Nahum 3:1-5

Die Hure im Buch der Offenbarung war in Gewänder gekleidet, die sie durch Lüge und Betrug und den Schmutz ihrer Unzucht, Lust und Gotteslästerung erworben hatte. Und die Gewänder waren befleckt vom Blut der Heiligen. In den Händen hielt sie einen Krug, der mit den Abscheulichkeiten ihres Ehebruchs gefüllt war. Sie trank daraus und brachte auch alle anderen auf der Erde dazu, aus diesem Krug zu trinken. Und viele Menschen trinken noch heute daraus.

Denn von dem Wein der Wut ihrer Unzucht haben alle Nationen getrunken, und die Könige der Erde haben Unzucht mit ihr getrieben, und die Kaufleute der Erde sind durch die Kraft ihrer Üppigkeit reich geworden. Offenbarung 18:3

Die Hure Babylons und die Braut Christi

Im Buch der Offenbarung haben wir einen starken Gegensatz zum Bild der abscheulichen Hure – und zwar das Bild der reinen Braut Christi – seiner treuen Gemeinde.

Die Hure Babylons mit ihren schrillen und luxuriösen Gewändern, die sie durch Unzucht erworben hat, erinnert uns an eine gewöhnliche Prostituierte. Sie lästert die Heiligkeit Gottes, das Wort Gottes und das Gesetz Gottes und tritt all das mit Füßen. In den Händen hält sie einen Krug, der mit dem Wein ihres Ehebruchs gefüllt ist. Diesen gibt sie all denen, die sich von ihr täuschen lassen. Sie reicht ihnen den Krug, damit sie Abscheulichkeit, Unreinheit und Untreue daraus trinken können. So wie Jezebel ist diese Hure schuldig am Tod vieler Heiliger.

Die Gemeinde ist in feines Leinen gekleidet, rein und weiß, was die gerechten Taten der Heiligen symbolisiert. Sie ist rein und hat ihre Jungfräulichkeit für ihren Bräutigam bewahrt. Ihr heiliger Wein ist der Heilige Geist. Offenbarung 19:8

Während die Hure alles das, was sie hat, öffentlich ausstellt, hütet die Braut Christi, seine Gemeinde, sorgsam ein großes Geheimnis. Nur sie und ihr Bräutigam kennen dieses Geheimnis.

Die Gemeinde wartet geduldig auf ihre Vereinigung mit Christus; die Hure dagegen hat es eilig, einen Bund mit dem Antichristen einzugehen. Die Hure wird das Wort Gottes verleugnen und die Wunder, die Jesus gewirkt hat, und das Wissen, das Gott der Gemeinde gegeben hat, in Verruf bringen. Sie wird die Wahrheit verleugnen und die Heiligen umbringen. Sie wird viele täuschen und viele vom Glauben abbringen, indem sie sie mit der Sünde versucht. Die Hure verbindet sich mit dem Antichristen und treibt mit ihm zusammen Unzucht und Gotteslästerung. Deshalb lästern auch einige Menschen Gott, beschmutzen das Wort Gottes und unterdrücken Christen. In einigen Ländern bringen sie die Heiligen Gottes, in deren Licht all ihre abscheulichen Taten offenbar werden, sogar um. Ja, deshalb ist Unzucht so gefährlich. Sie bedeutet Zusammenarbeit mit dem Antichristen. Gott vergleicht diesen Geist mit einer Prostituierten. Dieser Geist ist das komplette Gegenteil zur reinen Braut Jesu Christi, die in Heiligkeit und Gottesfrucht mit dem Herrn lebt.

Wir sind daran gewöhnt zu glauben, dass Sex etwas rein Physisches ist, und Gott da hineinzubringen nicht nur sinnlos, sondern auch gotteslästerlich sei. Aber Sex ist auch ein geistlicher Akt. Interessanterweise gebraucht Gott bei mehreren Gelegenheiten das Beispiel intimer Beziehungen (Treue und

Untreue), um zu uns über unsere Stellung in der Ewigkeit zu sprechen.

Untreue Gott gegenüber wird oft mit Unzucht verglichen und Treue Gott gegenüber mit der Hingabe einer treuen Ehefrau. Dieser Gedanke zieht sich wie ein roter Faden durch die ganze Bibel und zeigt uns, dass das erste, das uns dabei hilft, Unzucht zu vermeiden, eine persönliche, beidseitige Beziehung zu Gott ist. Nur er kann uns Befriedigung geben und den Eheleuten echte Liebe zueinander. Die Kirche predigt die Heiligung und Reinheit der ehelichen Beziehung, und deshalb hasst der Teufel Gottes Kirche. In den letzten Tagen wird der Teufel Verwirrung aller Art stiften, er wird töten und zerstören. Aber das einzige, das er nicht zerstören kann, ist die Kirche, deshalb müssen wir Christen an der Reinheit der Braut Christi festhalten und nicht an dem Anteil haben, was die Welt tut.

Und ich hörte eine andere Stimme aus dem Himmel sagen: Geht aus ihr hinaus, mein Volk, damit ihr nicht an ihren Sünden teilhabt und damit ihr nicht von ihren Plagen empfangt! Offenbarung 18,4

Tötet nun eure Glieder, die auf der Erde sind: Unzucht, Unreinheit, Leidenschaft, böse Begierde und Habsucht, die Götzendienst ist! Kolosser 3:5

Lass die Unzucht, Lust oder Zügellosigkeit deinen Körper nicht antasten. Lass sie nicht in deine Seele eindringen und deine Gedanken gefangen nehmen.

Babylon und das Himmlische Jerusalem

Babylon wurde Johannes in seiner Vision als große Stadt gezeigt, die über die Könige der Erde herrscht. Diese Stadt ist schon lange aus der physischen Welt verschwunden. Heute gibt es auf der Erde kein Babylon mehr, aber geistlich existiert es noch immer. Wir sollten die Tatsache nicht ignorieren, dass es zwei Reiche gibt: Das Reich unseres Gottes und das Reich der Finsternis, welches das Reich dieser Welt ist.

Die Stadt Gottes ist das himmlische Jerusalem, aber die Stadt des Teufels ist Babylon, welches zur Zerstörung verurteilt worden ist. Wie Sodom und Gomorrah wird auch diese geistliche Stadt zerstört werden.

Und er rief mit starker Stimme und sprach: Gefallen, gefallen ist Babylon, die Große, und ist eine Behausung von Dämonen geworden und ein Gefängnis jedes unreinen Geistes und ein Gefängnis jedes unreinen und gehassten Vogels.

Darum werden ihre Plagen an einem Tag kommen: Tod und Trauer und Hunger, und mit Feuer wird sie verbrannt werden; denn stark ist der Herr, Gott, der sie gerichtet hat. Offenbarung 18:2,8

Deshalb sagt Gott uns: *„...Geht aus ihr hinaus, mein Volk, damit ihr nicht an ihren Sünden teilhabt und damit ihr nicht von ihren Plagen empfangt!"* Offenbarung 18,4

Geh aus ihr hinaus, so lange noch Zeit ist und habe nicht teil an ihren Sünden, damit du nicht ihren Plagen zum Opfer fällst! Menschen, die sich mit Illusionen amüsieren und weiterhin in der Sünde leben, weil sie alle anderen dasselbe tun sehen, stehen in der Gefahr, alles, was sie haben, innerhalb kurzer Zeit zu verlieren. Sie wähnen sich in Sicherheit, aber diese Illusion wird so schnell vergehen wie der Morgendunst.

Die Geschichte der Menschheit ist bereits „reich" an Beispielen dieser Art:

Und wie es in den Tagen Noahs geschah, so wird es auch sein in den Tagen des Sohnes des Menschen:

Sie aßen, sie tranken, sie heirateten, sie wurden verheiratet bis zu dem Tag, da Noah in die Arche ging und die Flut kam und alle umbrachte.

Ebenso auch, wie es geschah in den Tagen Lots: Sie aßen, sie tranken, sie kauften, sie verkauften, sie pflanzten, sie bauten;

an dem Tag aber, da Lot von Sodom hinausging, regnete es Feuer und Schwefel vom Himmel und brachte alle um. Lukas 17:26-29

Gott warnt eindringlich all jene auf der Erde, dass es in ihrer Verantwortung liegt, für welchen Lebensstil sie sich entscheiden.

Und es werden um sie weinen und wehklagen die Könige der Erde, die mit ihr Unzucht getrieben haben und üppig gewesen sind, wenn sie den Rauch ihres Brandes sehen;

und sie werden aus Furcht vor ihrer Qual weitab stehen und sagen: Wehe, wehe! Die große Stadt, Babylon, die starke Stadt! Denn in einer Stunde ist dein Gericht gekommen.

Und die Kaufleute der Erde weinen und trauern um sie, weil niemand mehr ihre Ware kauft:

Ware von Gold und Silber und Edelgestein und Perlen und feiner Leinwand und Purpur und Seide und Scharlachstoff und alles Thujaholz und jedes Gerät von Elfenbein und jedes Gerät von kostbarstem Holz und von Erz und Eisen und Marmor

und Zimt und Haarbalsam und Räucherwerk und Salböl und Weihrauch und Wein und Öl und Feinmehl und Weizen und Rinder und Schafe und von Pferden und von Wagen und von Leibeigenen und Menschenseelen.

Und die Früchte, nach denen deine Seele begehrte, sind von dir gewichen, und alle Pracht und Glanz sind dir verloren, und man wird sie nie mehr finden.

Die Kaufleute dieser Dinge, die an ihr reich geworden sind, werden aus Furcht vor ihrer Qual weitab stehen, weinend und trauernd,

und werden sagen: Wehe, wehe! Die große Stadt, die bekleidet war mit feiner Leinwand und Purpur und Scharlachstoff und übergoldet mit Gold und Edelgestein und Perlen!

Denn in einer Stunde ist der so große Reichtum verwüstet worden. Und jeder Steuermann und jeder Küstenfahrer und Schiffsleute und alle, die auf dem Meere beschäftigt sind, standen weitab

und riefen, als sie den Rauch ihres Brandes sahen, und sprachen: Wer war der großen Stadt gleich?

Und sie warfen Staub auf ihre Häupter und riefen weinend und trauernd und sprachen: Wehe, wehe! Die große Stadt, in der alle, die Schiffe auf dem Meere hatten, reich wurden von ihrer Kostbarkeit! Denn in einer Stunde ist sie verwüstet worden.
Offenbarung 18:9-19

Jeder, der unzüchtigen Handlungen nachgeht, wird schockiert sein, wenn Gottes Gericht kommt. Unzüchtige Handlungen geschehen nicht nur im sexuellen Bereich. Heute haben die Prinzipien der Unzucht jeden Bereich der Gesellschaft durchdrungen: Die Geschäftswelt, den Handel, die Regierung und die Massenmedien… Es sind die Prinzipien eines perversen Geistes, der Lüge, Untreue, des zügellosen Lebens und der Gotteslästerung. Diejenigen, die nach diesen Prinzipien leben, werden irgendwann feststellen, dass all diese Dinge, die ihnen so lieb sind, zerstört sein werden. Das Leben ist voller solcher Beispiele. Ein Mensch kann heute sehr berühmt sein, aber morgen erinnert sich niemand mehr an ihn. Ein Mensch kann heute sehr viel Geld haben, aber morgen hat er vielleicht nicht einmal mehr genügend Geld, um Brot zu kaufen.

Gott liebt die Menschen. Deshalb rät er uns, uns an solchen Werken nicht zu beteiligen, denn sie werden bestraft werden.

Vergeltet ihr, wie auch sie vergolten hat, und verdoppelt es ihr doppelt nach ihren Werken; mischt ihr den Kelch, den sie gemischt hat, doppelt!

Wie viel sie sich verherrlicht hat und üppig gewesen ist, so viel Qual und Trauer gebt ihr! Denn sie spricht in ihrem Herzen: Ich sitze als Königin, und Witwe bin ich nicht, und Traurigkeit werde ich nicht sehen. Offenbarung 18:6,7

Als Christen sind wir nicht nur dazu berufen, in der Heiligung zu bleiben, sondern auch dazu, die Erde und die Seelen der Menschen für den Herrn zurückzugewinnen. Wenn wir Ausschweifung und Sünde sehen, sollten wir als Reaktion darauf nicht einfach nur den Kopf senken und in Tränen ausbrechen, so wie wir es in den Psalmen lesen, als das Volk Gottes an den Flüssen Babylons saß und über Zion weinte (Psalm 137:1,2).

Gott hat uns zu einer bestimmten Aufgabe berufen. Deshalb sagt er dann im selben Psalm: „*Tochter Babel, du Verwüsterin! Glücklich, der dir vergilt dein Tun, das du uns angetan hast.*

Glücklich, der deine Kinder ergreift und sie am Felsen zerschmettert!" Psalm 137:8,9

Gott hat uns nicht nur Autorität gegeben, um uns selbst zu verteidigen, sondern auch um an der Kriegsführung beteiligt zu sein. Wir haben Autorität im Namen Jesu Christi, in der Kraft seines Blutes und des Wortes unseres Zeugnisses, den Teufel und all seine Gefolgsleute zu besiegen. Gott hat uns die Augen für das Geheimnis der Hure Babylons geöffnet, deshalb müssen wir auch anderen die Augen öffnen und ihnen zeigen, wie die Dinge sich wirklich verhalten. Wir haben nicht das Recht, die Menschen dieser Hure als Beute zu überlassen. So wie Noah und Lot haben auch wir das Land der Sünde verlassen, aber wir sollen dieses Land nicht alleine verlassen. Wir sollen das Land nicht nur zusammen mit unseren Familien, sondern mit hunderten und tausenden anderer Menschen, die befreit und gerettet worden sind, verlassen. Aus diesem Grund schreibe ich dieses Buch. Ich möchte vielen Menschen die Augen öffnen und jene retten, die bisher gleichgültig waren, damit ihr Geist aufgewühlt wird, und jene, die befreit worden sind, ermutigt werden, in dieser letzten Schlacht zu stehen.

Wer wird den Menschen, die in der Dunkelheit wandeln, diese Wahrheit bringen, wenn nicht wir Christen es tun? Wir sind dafür bestimmt; es ist unsere Aufgabe, die Schande zu enthüllen, den verborgenen Plan, welcher das Geheimnis der Hure ist. Wir, die wir die Wahrheit kennen, werden den Feind mit dem Wort, das wir aussprechen, niederschlagen, und nachdem diese große Schlacht dann gewonnen sein wird, wird der Herr für seine Braut kommen.

Lasst uns fröhlich sein und jubeln und ihm die Ehre geben; denn die Hochzeit des Lammes ist gekommen, und seine Frau hat sich bereitgemacht.

Und ihr wurde gegeben, dass sie sich kleide in feine Leinwand, glänzend, rein; denn die feine Leinwand sind die gerechten Taten der Heiligen.

Und er spricht zu mir: Schreibe: Glückselig, die eingeladen sind zum Hochzeitsmahl des Lammes! Und er spricht zu mir: Dies sind die wahrhaftigen Worte Gottes. Offenbarung 19:7-9

Wir leben im Sog aufregender Ereignisse, wenn die Kirche, rein und unbefleckt, gekleidet in gerechte Taten der Heiligen, mit Christus vereinigt werden wird. Sind wir bereit für diese Begegnung? Lasst uns die Zeit der Gleichgültigkeit hinter uns lassen und uns mit der ganzen Waffenrüstung Gottes bekleiden. Lasst uns alles tun, was wir können, damit diese Begegnung so schnell wie möglich stattfinden kann und möglichst vielen Menschen dabei helfen, Anteil daran zu haben.

Kapitel 1

Die zerstörerische Kraft von Unzucht und Ehebruch

Im Vorwort haben wir gelesen, dass wir, obwohl wir in der Welt leben, nicht wie Bürger dieser Welt - wie Sklaven der Sünde – leben sollten. In diesem Kapitel werden wir uns ansehen, wie die Sünde (besonders Unzucht und Ehebruch) das Leben der Menschen zerstört.

Zerstörte Schicksale

Wie oft hören wir Menschen in der Welt Dinge sagen wie: „Oh, was ist das für ein lüsterner Mensch! Nun, ich glaube, er ist dazu vorherbestimmt..." Es ist zwar wahr, dass das Schicksal eines jeden Menschen ihm von Gott vorherbestimmt ist, dennoch ist Gottes Plan für den Menschen ein gesegnetes Leben, voller Erfolg und glücklicher Ereignisse. Du fragst dich vielleicht, warum wir so viele Menschen um uns herum sehen, die unglücklich sind und leiden. Der Grund dafür ist, dass die ursprüngliche Bestimmung für diese Menschen zerstört worden ist. Sie ist aufgrund ihrer eigenen Sünden wie eine Atombombe explodiert. Die Bestimmung eines Menschen kann in besonders verheerender Weise durch sexuelle Sünden zerstört werden. Vielleicht glaubst du, das sei nur meine persönliche Ansicht. Aber was sagt denn Gott dazu? Was ist seine Meinung zu diesem Thema? Gibt es Aussagen Gottes, die das bestätigen, was gerade gesagt wurde? Es gibt eine biblische Geschichte, die in dieser Hinsicht sehr bedeutsam ist.

Und Jakob rief seine Söhne und sprach: Versammelt euch, und ich will euch verkünden, was euch begegnen wird in künftigen Tagen...
1.Mose 49:1

Unter den Juden gab es den alten Brauch, dass ein Vater vor seinem Tod Segnungen über seine Kinder ausspricht. Auch Jakob tat das. Er versammelte seine Kinder um sich herum und sprach Worte göttlicher Prophetie über ihrem Leben aus. Die Kinder (und auch jeder andere) wussten, dass sie sich sehr wahrscheinlich erfüllen würden.

Ruben, mein Erstgeborener bist du, meine Stärke und der Erstling meiner Kraft! Vorrang an Hoheit und Vorrang an Macht!

Du bist übergewallt wie das Wasser, du sollst keinen Vorrang haben, denn du hast das Lager deines Vaters bestiegen; da hast du es entweiht. Mein Bett hat er bestiegen! 1.Mose 49:3,4

In dieser Schriftstelle können wir sehen, was für eine Bestimmung der Herr für Jakobs ältesten Sohn bereitet hatte. Was genau war Gottes ursprünglicher Plan für Ruben?

Rubens **erster** Segen war es, der Erstgeborene zu sein. Der Erstgeborene hat große Privilegien gegenüber allen anderen Kinder der Familie, die Gott aber ebenfalls segnet. In einer jüdischen Familie ist er eine besonders privilegierte Person, ein Kind, das ausgesondert wird, um Gott zu dienen.

Rubens **zweiter** Segen war seine Berufung. Gott hatte für Ruben geplant, der Empfänger und Erstling seiner Kraft und Macht zu sein.

Der **dritte** Segen, den Ruben zusammen mit dem Erstgeburtsrecht empfing, ist wirklich gewaltig! Gott nannte Ruben „Vorrang an Hoheit und Vorrang an Macht", das bedeutet Hoheit auf der höchsten Ebene.

Erstaunt dich das? Nun, halte dich besser fest, denn das ist nicht alles. Der vierte Segen geht bei weitem über unser Verstehen. Ruben war nicht nur der Erstgeborene, er sollte nicht nur Macht haben und der Erstling der Kraft Gottes sein, er sollte nicht nur den Vorrang an Hoheit haben. Über all dies hinaus sollte er auch den Vorrang an Macht haben. Es ist schwer zu glauben, dass Gott einem Menschen eine solch hohe Ehre zuteil werden lassen kann. Was für ein wunderbares Erbe! Was für eine einmalige, einzigartige Bestimmung! Wer wäre auf eine solche Berufung nicht eifersüchtig? Aber so traurig wie es ist, Rubens Bestimmung wurde durch sein eigenes Fehlverhalten zerstört.

Viele Menschen haben Bestimmungen ähnlich der von Ruben. Aber sie zerstören und ruinieren diese Bestimmung durch die Entscheidungen, die sie selbst treffen. Manche Menschen wurden in einem christlichen Elternhaus aufgezogen, manche sogar als Kinder eines Pastors. Diese Menschen hatten jede Chance und jedes Privileg, das sie sich hätten wünschen können. Ihnen wurde von Kindheit an beigebracht, wie man Gottes Wort gemäß lebt. Weil sie aber so leben wollten, wie sie es selbst für am besten hielten, haben sie Gottes Wege vernachlässigt. Sie genießen all die „Vergnügungen eines unabhängigen Lebens" und die „Leckerbissen" der Unzucht und anderer sexueller Verirrungen.

Menschen, die gerade zum Glauben gekommen sind, sind wie gehorsame Kinder.

Sie trachten von ganzem Herzen danach, gottesfürchtig und heilig zu sein. Sie tun alles, um Gott zu gefallen. Aber wenn sie älter werden, setzen sich einige von ihnen andere Ziele, um sich der Welt anzupassen. Sie werden zu Gangstern, kommen ins Gefängnis, begehen Unzucht und führen ein ausschweifendes Leben…. Solche Menschen nehmen immer ein trauriges Ende, es sei denn, es gelingt ihnen, rechtzeitig umzukehren. Wenn sie ihrer Lust nachgeben, zerstören sie, so wie Ruben, eine wunderbare Bestimmung:

Du bist übergewallt wie das Wasser, du sollst keinen Vorrang haben, denn du hast das Lager deines Vaters bestiegen; da hast du es entweiht. Mein Bett hat er bestiegen! 1.Mose 49:4

Die Worte: „Du sollst keinen Vorrang haben" bedeuten „du wirst im Leben nicht erfolgreich sein."

Unzucht zerschmetterte die Bestimmung Rubens.

Eine zerstörte Bestimmung... Mit seinen eigenen Waffen zerstörte er seine eigene Zukunft! Wie unvorhersehbar schrecklich können sexuelle Sünden sein! Ruben wurde nicht nur zu einem Unzüchtigen. Er hatte eine intime Beziehung mit der Frau seines eigenen Vaters! Zu jener Zeit galt es als normal, viele Frauen zu haben. Jakob war da keine Ausnahme. Und eine seiner jungen Frauen zog Ruben in ihren Bann. Als dann eines Tages sein Vater nicht zu Hause war, ging er zu ihr, und das ließ ihn in eine schreckliche Tragödie geraten.

Unzucht ruinierte das wunderbare Schicksal, das für Ruben als Erstgeborenem vorherbestimmt war.

Ich kenne viele junge Leute, die entschieden haben, sich mit den Ungläubigen zu verbünden. Das führte dazu, dass sie sich von der Gemeinde abwandten, das wilde Leben der Welt schmeckten, jetzt aber sagen: „Warum habe ich nicht auf meine Mutter gehört? Warum habe ich nicht auf den weisen Rat meines Vaters gehört? Das, was ich jetzt habe, ist kein Leben. Ich kann es kaum eine Existenz nennen."

Denn in der Zwischenzeit, während sie sich mit der Sünde einließen, sind ihre Kinder zu Drogenabhängigen, Alkoholikern oder Prostituierten geworden... Wir sehen solche Fälle immer wieder in unserem Umfeld. Das heißt es, eine zerstörte Bestimmung zu haben.

Ein Fluch trifft im Leben eines Menschen nicht immer sofort ein. Ebenso wenig war das der Fall in Rubens Leben:

Und es geschah, als Israel in jenem Land wohnte, ging Ruben hin und lag bei Bilha, der Nebenfrau seines Vaters. Und Israel hörte es. Die Söhne Jakobs waren zwölf. 1.Mose 35:22

Die Sünde fordert immer rechtzeitig ihren Preis, und dieser Preis wird offensichtlich. Zwanzig Jahre vergingen, bevor sich der Fluch in Rubens Leben auswirkte. Er dachte, er sei einfach davongekommen, seine Sünde sei nicht bemerkt worden. Aber früher oder später kommt der Tag der Vergeltung.

Die Bibel kennt noch ein paar weitere Beispiele von Menschen, die eine wunderbare Berufung Gottes für ihr Leben hatten, denen Gott Großes anvertraut hatte und die gesalbt waren, deren Bestimmung jedoch durch sexuelle Unmoral, die sich in ihr Leben eingeschlichen hatte, zerstört wurde.

König Salomo, der für seine außerordentliche Weisheit berühmt war, geriet ebenfalls in die Falle des Teufels. Was konnte nur einen solch weisen, begabten und gesalbten Menschen wie Salomo zerstören und ihn in ein Tier verwandeln? Nur eines hatte die Macht dazu: Sexuelle Unmoral. Sexuelle Unmoral zerstörte Salomos wunderbare Bestimmung. Sein zügelloses Verlangen und seine Lust raubten ihm seine königliche Berühmtheit.

Jeder, der durch Unzucht vom Weg abkommt, kann sich auf ein Ende in Schande gefasst machen. Unabhängig davon, was für eine Position er innehat, sein Leben wird in Zerstörung enden.

Die Unzucht nicht tolerieren

Die Sünden der Unzucht und des Ehebruchs haben einen höchst destruktiven Einfluss auf das Leben der Menschen. Von Anbeginn des Christentums an machte Gott klar, dass Unzucht nicht toleriert werden darf. Als die Nachfolger und Jünger Jesu Christi den Heiden die gute Nachricht brachten, brach zwischen ihnen und den Juden, die Mose Gebote einhielten, ein Streit darüber aus, welche Ordnungen die Heiden und die nachfolgenden Generationen einhalten sollten.

Wir haben nun Judas und Silas gesandt, die auch selbst mündlich dasselbe verkünden werden. Denn es hat dem Heiligen Geist und uns gut geschienen, keine größere Last auf euch zu legen als diese notwendigen Stücke: euch zu enthalten von Götzenopfern und von Blut und von Ersticktem und von Unzucht. Wenn ihr euch davor

bewahrt, so werdet ihr wohl tun. Lebt wohl!"
Apostelgeschichte 15:27-29

Unzucht wurde in dieser Schriftstelle mit sexuelle Unmoral übersetzt. (Anmerkung Übers. In der engl. Übers.) Sie wird hier als eines der Dinge genannt, von denen sich der Mensch fernhalten sollte, wenn er möchte, dass es ihm wohlergeht. Auch macht uns Gott hier bewusst, dass es keine Bürde ist, die Sünde abzulehnen, sondern im Gegenteil Freiheit und Erleichterung mit sich bringt.

Kommt her zu mir, alle ihr Mühseligen und Beladenen! Und ich werde euch Ruhe geben.

Nehmt auf euch mein Joch, und lernt von mir! Denn ich bin sanftmütig und von Herzen demütig, und "ihr werdet Ruhe finden für eure Seelen"; Matthäus 11:28,29

Die Definition von Unzucht und Ehebruch

Gott gebietet uns, der Unzucht zu entfliehen und uns von ihr fernzuhalten. Das Wort Unzucht bedeutet eine voreheliche sexuelle Beziehung, also Sex vor der Ehe zu haben. Eine sexuelle Beziehung zwischen Mann und Frau, bei der einer oder beide Partner verheiratet sind, nennt sich Ehebruch, was eine intime außereheliche Beziehung bedeutet. Mit anderen Worten ist dieses ein Betrug am Ehebund.

Manche Menschen glauben, dass es Gott einem Mann grundsätzlich verbietet, eine intime Beziehung zu einer Frau zu haben. Das ist aber nicht der Fall. Gott sagt allerdings, dass eine solche Beziehung nur dann möglich ist, wenn es sich um die rechtmäßige Ehefrau des Mannes handelt oder um den rechtmäßigen Ehemann der Frau. Das macht einen gewaltigen Unterschied. Du solltest natürlich jedem mit Liebe begegnen, aber sexuelle Liebe solltest du als Mann nur der Frau entgegenbringen, die deine rechtmäßige Ehefrau ist, und als Frau nur dem Mann, der dein rechtmäßiger Ehemann ist.

Denn eine Leuchte ist das Gebot und die Weisung ein Licht, und ein Weg zum Leben sind Ermahnungen der Zucht,

dich zu bewahren vor der Frau des Nächsten, vor der glatten Zunge der Fremden.

Begehre nicht in deinem Herzen ihre Schönheit, lass sie dich nicht mit ihren Wimpern fangen! Sprüche 6:23-25

Menschen in der Welt leben ohne das Licht des Wortes Gottes. Mich erinnert das in gewisser Weise an Menschen, die in einem dunklen Raum umhergehen, so dass sie bei jedem Schritt fallen und sich ernsthafte Verletzungen zuziehen können.

Aber das Gebot Gottes – sein Wort -, wurde uns gegeben, um uns zu leiten und ein Licht zu sein, das unseren Lebensweg erleuchtet. Gott möchte nicht, dass wir stolpern und fallen, während wir auf diesem Weg gehen. Gott hat das Familienleben nicht geschaffen, damit sich Paare gegenseitig das Leben schwermachen. Er hat die Ehe nicht geschaffen, damit sich Ehepaare nicht verstehen. Er schuf die Institution der Ehe, damit sich die Eheleute gegenseitig glücklich machen und erfreuen. Warum wird die Ehe dann aber oft zu einer richtig harten Prüfung? Warum erscheint sie manchmal wie eine Gefängnisstrafe? Wer wünscht sich in einer solchen Situation nicht so ein wenig „frischen Wind", eine andere Person, mit der er auf viel angenehmere Weise seine Zeit verbringen kann? Und was ist schließlich daran verkehrt, seinen Sex-Partner zu wechseln? Das Wort Gottes wirft Licht auf diese Fragen.

Um dich zu bewahren vor der Frau des Nächsten, vor der glatten Zunge der Fremden.

Begehre nicht in deinem Herzen ihre Schönheit, lass sie dich nicht mit ihren Wimpern fangen! Sprüche 6:24,25

Gott sagt, dass ein Mensch, der sexuell unmoralisch lebt, ein schlechter Mensch sei, wenn er auch nichts gegen den Sex, den Mann oder die Frau hat. Auch wenn der Mensch sehr attraktiv und gebildet ist und Ausstrahlung hat, so ist er dennoch ein schlechter Mensch.

Unzucht und Schmeichelei

Jede sexuelle Sünde beginnt mit Schmeichelei. Schmeichelhafte Worte können jemanden sehr schnell in die Falle der Unzucht locken. Frauen sind viel mehr davon betroffen als Männer, weil sie „mit den Ohren lieben". Der Mensch, der schmeichelt, ist allerdings nicht verliebt, sondern lüstern. Wenn du also Komplimente hörst und das Gefühl hast, dass dein Fleisch darauf reagiert, laufe so schnell davon wie du kannst, auch wenn du die Komplimente recht angenehm und reizvoll findest. Ich kenne zu viele Frauen, die zu sexuellen Sünden verführt wurden, einfach nur weil sie auf die Komplimente der Männer hörten und sie für völlig harmlos hielten. Sehr oft missverstehen sie das aufmerksame und rücksichtsvolle Verhalten eines Mannes ihnen gegenüber als Liebe. Aber das Ergebnis dieser Art von Beziehungen, sofern sie intim werden, ist immer sehr tragisch. Früher oder später hört die Leidenschaft auf und hinterlässt nur Verletzung und Enttäuschung. In außerehelichen Beziehungen leidet stets die Würde und Ehre der Frau.

Wenn du dich wie eine echte Frau fühlen möchtest, dann lies die Bibel! Gott wird deine Würde und dein Selbstbewusstsein aufbauen. Er wird dir helfen, dich wie eine echte Frau zu fühlen, viel besser als das ein Mann tun könnte. Wenn du dich davon abhängig machst, wie Männer zu dir stehen, dann wirst du niemals eine echte Frau sein. Die Wurzeln deiner Persönlichkeit und deines Selbstbewusstseins müssen in Jesus Christus verborgen liegen. Selbst wenn du dabei bist, den am besten aussehenden Mann der Welt zu heiraten, muss deine Freude und deine Befriedigung zuallererst in Jesus Christus liegen. Nur wenn du eine persönliche Beziehung zum Herrn hast, solltest du es jemals auch nur in Betracht ziehen zu heiraten. Wenn du dein Vertrauen nur noch in diesen Mann setzt, den du als deinen zukünftigen Ehemann ansiehst, dann wirst du eines Tages von ihm enttäuscht sein. Wenn du deine Freude und dein Glück zuerst in Gott findest, dann wird die Liebe, die du von einem Mann, der dich wirklich liebt, empfängst (wenn er auch Christ ist) dein Glück und deine Freude nur noch ergänzen.

Sich im Kreis drehen

Frauen sind oft durch ständige Telefonate, Blumen und teure Geschenke zu gewinnen. Viele Frauen werden durch einen solch verschwenderischen Ausdruck der Aufmerksamkeit geblendet und beginnen, ihre weniger überzeugenden Ehemänner als einen Fehler der Vergangenheit anzusehen. Die neue Schwärmerei ist so verlockend und attraktiv, dass es ihnen oft wie eine zweite (dritte, vierte usw.) Ehe erscheint. Aber das ist der Weg derer, die in der Finsternis wandeln. Im Bereich der Ehe ist Gott sehr streng und eindeutig:

Die Ehe sei ehrbar in allem und das Ehebett unbefleckt! Denn Unzüchtige und Ehebrecher wird Gott richten. Hebräer 13:4

Gott wird die Unzüchtigen und Ehebrecher richten. Ihr scheinbar glückliches Leben wird bald mit Ärger, Leere und Verzweiflung erfüllt sein. Denn wenn diese imaginäre Liebe, diese Liebe, die nicht in Gott verwurzelt ist, geprüft wird, dann stellt sie sich immer als Seifenblase heraus – kurzlebig und unzuverlässig. Menschen werden nicht glücklicher, wenn sie ihre Partner wechseln. Sie drehen sich nur im Kreis herum und erleben die alten Enttäuschungen immer und immer wieder, bis sie am Ende gebrochen und am Boden zerstört sind, sowohl emotional als auch physisch.

Gott hat auch den Männern etwas zu sagen:

Begehre nicht in deinem Herzen ihre Schönheit, lass sie dich nicht mit ihren Wimpern fangen! Sprüche 6:25

Die Waffe, die der Teufel benutzt, um Männer in Ehebruch und Unzucht zu treiben, ist die äußere Schönheit einer Frau. Sehr oft reagiert das Herz des Mannes auf das, was das Auge sieht. Der Teufel wird versuchen, dein Denken durch sexuelle Gedanken gefangen zu nehmen, die du vielleicht gar nicht bemerkst, wenn du in die Sünde der sexuellen Unmoral gefallen bist. Lass den Teufel deinen Geist nicht beherrschen. Wenn du auch nur die geringste Neigung zu solchen Gedanken verspürst, schneide dich selbst von ihnen ab und laufe so schnell du kannst vor ihnen davon.

Gefahren der Unzucht und des Ehebruchs

Warum haben die Sünden der Unzucht und des Ehebruchs so einen zerstörerischen Einfluss auf das Leben der Menschen? Was sind ihre Gefahren? Das wird uns in der folgenden Geschichte der Bibel erklärt:

Als nun viele Tage vergangen waren, da starb die Tochter Schuas, Judas Frau. Und als Juda getröstet war, ging er zu seinen Schafscherern hinauf nach Timna, er und sein Freund Hira, der Adullamiter.

Und es wurde der Tamar berichtet: Siehe, dein Schwiegervater geht nach Timna hinauf, um seine Schafe zu scheren.

Da legte sie die Kleider ihrer Witwenschaft von sich ab, bedeckte sich mit einem Schleier und verhüllte sich. Dann setzte sie sich an den Eingang von Enajim, das am Weg nach Timna liegt; denn sie hatte gesehen, dass Schela groß geworden war und sie ihm doch nicht zur Frau gegeben wurde.

Und Juda sah sie und hielt sie für eine Hure, denn sie hatte ihr Gesicht bedeckt.

Und er bog zu ihr ab an den Weg und sagte: Auf, lass mich zu dir eingehen! Denn er erkannte nicht, dass sie seine Schwiegertochter war. Sie aber sagte: Was gibst du mir, wenn du zu mir eingehst?

Da sagte er: Ich will dir ein Ziegenböckchen von der Herde senden. Sie sagte: Wenn du ein Pfand gibst, bis du es sendest!

Da sagte er: Was für ein Pfand soll ich dir geben? Sie sagte: Deinen Siegelring und deine Schnur und deinen Stab, der in deiner Hand ist. Da gab er es ihr und ging zu ihr ein, und sie wurde schwanger von ihm.

Dann stand sie auf und ging hin, sie legte ihren Schleier von sich ab und zog die Kleider ihrer Witwenschaft wieder an.

Juda aber sandte das Ziegenböckchen durch die Hand seines Freundes, des Adullamiters, um das Pfand aus der Hand der Frau zu holen; aber er fand sie nicht.

Da fragte er die Leute ihres Ortes: Wo ist jene Geweihte, die zu Enajim am Weg war? Sie aber sagten: Hier ist keine Geweihte gewesen.

Da kehrte er zu Juda zurück und sagte: Ich habe sie nicht gefunden, auch sagten die Leute des Ortes: "Hier ist keine Geweihte gewesen."

Da sagte Juda: Sie soll es bei sich behalten, damit wir nicht zum Gespött werden; siehe, ich habe ja dieses Böckchen gesandt, und du hast sie nicht gefunden.

Und es geschah nach etwa drei Monaten, da wurde dem Juda berichtet: Deine Schwiegertochter Tamar hat Hurerei getrieben, und siehe, sie ist sogar schwanger von Hurerei. Da sagte Juda: Führt sie hinaus, sie soll verbrannt werden!

Als sie nun hinausgeführt wurde, da sandte sie zu ihrem Schwiegervater und ließ ihm sagen: Von einem Mann, dem dies gehört, bin ich schwanger. Und sie sagte: Untersuche doch, wem dieser Siegelring und diese Schnur und dieser Stab gehört!

Da untersuchte es Juda und sagte: Sie ist im Recht mir gegenüber, deswegen weil ich sie meinem Sohn Schela nicht gegeben habe. Und er erkannte sie künftig nicht mehr. 1.Mose 38:12-26

Juda war einer der Söhne Israels. Er wurde in eine Familie hineingeboren, die Gott die Ehre gab. Er hatte also eine gute Erziehung. Als er aber aufwuchs, fiel er von Gott ab und schaffte es nicht, die Gesetze und Ordnungen Gottes, die ihm von Kindheit an beigebracht worden waren, zu befolgen. Er heiratete eine Frau aus einer anderen Nation, was gemäß der Traditionen Israels verboten war. Seine Frau war Kanaaniterin. Das war ein direkter Verstoß gegen Gottes Gebot und sein Wort, weshalb die drei Söhne Judas alle unter einem Fluch geboren wurden. Sie lebten nicht in der Furcht des Herrn, sie taten Böses in Gottes Augen, deshalb erschlug Gott zwei von ihnen.

Nach dem Gesetz, das vom Volk Israel streng befolgt wurde, wurde die Frau des verstorbenen älteren Sohnes, die keine Kinder von dem Verstorbenen hatte, dem mittleren Bruder Onan zur Frau gegeben, damit dieser „seinem Bruder einen Erben aufziehen würde". Nun, Onan wollte aber die Linie seines Bruders nicht weiterführen. Als er daher zur Frau seines verstorbenen Bruders ging, zu Tamar, vergoss er seinen Samen absichtlich auf den Boden. Das war böse in Gottes Sicht, weshalb auch dieser Sohn Judas getötet wurde. Dann lebte Tamar im Haus ihres Vater, bis der jüngste Sohn, Shelah, das Alter erreicht hatte. Als Shelah aber erwachsen war, wurde ihm Tamar nicht als Frau gegeben. Sie wurde einfach vergessen. Daraufhin beschloss diese Frau, es Juda heimzuzahlen. Sie kannte seine Schwäche für Frauen. Um diese Schwäche auszunutzen, kleidete sie sich wie eine Hure, obwohl sie eigentlich keine Hure war, und setze sich an einen öffentlichen Platz. So zog sie die Aufmerksamkeit Judas auf sich und kam in Besitz seines Siegelringes, seines Seiles und seiner Dienerschaft.

Das ist eine Geschichte, aus der wir viel lernen können. Sie zeigt, welche verborgenen Gefahren in den Sünden der Unzucht und des Ehebruchs verborgen liegen.

Die erste Gefahr

Die Medizinwissenschaft hat bewiesen, dass bei einer sexuellen Begegnung Blut vermischt wird, so dass die beiden Menschen zu einem Fleisch werden, so wie es auch in der Bibel steht. Wenn Eheleute eine sexuelle Beziehung miteinander haben, bringt sie das in eine echte Intimität hinein. Wenn Menschen jedoch Sex außerhalb der Ehe haben, vermischt sich das Blut beider Partner mit den vorherigen sieben bis zehn Personen, mit denen sie schon eine intime Beziehung hatten. Das Kind erhält das genetische Erbe aus dieser Mischung von Blut, gefärbt durch alle anhaftenden Eigenheiten der vorherigen Sexpartner. Und wer kennt all die Dinge, die im Leben dieser Menschen verborgen liegen mögen? Es ist schrecklich, sich auch nur vorzustellen, was für furchtbare Konsequenzen diese Art des Vergnügens auslösen kann.

Die zweite Gefahr.

Zusammen mit dem Blut all dieser außerehelichen Geschlechtspartner kommt ein ganzer Strauß an Erbkrankheiten. Manch einer mag argumentieren, dass Kondome einen zuverlässigen Schutz dagegen bieten, aber ich bitte zu unterscheiden: Es gibt auch unvermeidbare Folgen, die eintreten können, vor denen dich auch das sicherste Kondom nicht retten kann. Deine Rettung ist es, gemäß Gottes Gesetz zu leben.

Abgesehen von Krankheiten, werden bei vorehelichem und außerehelichem Sex unreine Geister und Flüche übertragen, die im Leben des einzelnen wirksam sein könnten. Wenn ein Partner bereits von einer Art Dämon besessen ist, dann hat auch der andere Partner Anteil an dieser dämonischen Besessenheit. Jede voreheliche oder außereheliche intime Beziehung hat eine geistliche Dimension, die Folgen davon können sehr massiv sein.

Die dritte Gefahr

Wisst ihr nicht, dass ihr Gottes Tempel seid und der Geist Gottes in euch wohnt?

Wenn jemand den Tempel Gottes verdirbt, den wird Gott verderben; denn der Tempel Gottes ist heilig, und der seid ihr.

Niemand betrüge sich selbst! Wenn jemand unter euch meint, weise zu sein in dieser Welt, so werde er töricht, damit er weise werde.

1.Korinther 3:16-18

Es ist besonders für einen Christen gefährlich, eine außereheliche Beziehung einzugehen, weil für uns Gläubige unser

Körper ein Tempel des lebendigen Gottes ist, in welchem der Heilige Geist wohnt. Ein Mensch, der in die Sünde der Unzucht oder des Ehebruchs verfällt, entweiht den Tempel Gottes, aber Gott wird nicht zulassen, dass jemand seinen Tempel zum Gespött macht. Er wird diesen Menschen bestrafen. Seine Strafe ist unabänderlich.

Die Konsequenzen der Unzucht und des Ehebruchs

Was waren die Folgen dieser flüchtigen sexuellen Beziehung für Juda? Was hatte diese in seinem Leben für geistliche Konsequenzen? Und was für Konsequenzen hat sie im Leben derer, die in Judas Spuren wandeln?

Das **erste**, um das Tamar Juda bat, war ein Siegelring, ein Zeichen seiner Autorität. Darüber hinaus war er auch ein Zeugnis seiner Identität, seiner Würde und Größe. Der Geist der Unzucht und des Ehebruchs beraubt einen Mann seiner Autorität im geistlichen Bereich. Seine Größe und sein Einfluss werden zerstört, ohne dass er es merkt.

Das **zweite**, das Juda Tamar gab, war das Seil, das den Siegelring an ihm befestigte. Auch dieses repräsentiert die Ehre und den Respekt, den er genoss.

Warum gehen wir nicht nackt auf die Straße? Wir tun das nicht, weil es beschämend und demütigend ist. Ich glaube, niemand von euch würde seine Nacktheit zeigen wollen. In der geistlichen Welt verliert jeder, der sich in Unzucht begibt, seinen Respekt, seine Ehre und sein Ansehen.

Das **dritte**, das sich Tamar nahm, war seine Dienerschaft. Die Dienerschaft war die Unterstützung eines alten Mannes. Sie symbolisiert allgemein die Unterstützung im Leben. Was bedeutet diese Unterstützung? Sie stellt alles das dar, was einem Menschen Frieden, Ruhe und Hoffnung für die Zukunft gibt.

Unzucht und Ehebruch haben zerstörerische Konsequenzen für das Leben eines Menschen.

- Armut
- Mangelndes Urteilsvermögen
- Verlust an Respekt und gegenseitiger Annahme
- Kinder mit einer zerstörten Zukunft
- Trägheit der Sinne und des Intellekts
- Verschlechterung der Gesundheit

Gott warnt uns, dass die erste Konsequenz der Unzucht Armut oder Verelendung ist. Es spielt keine Rolle, wer der Unzüchtige ist, ob er alleine lebt oder ob er eine Familie hat, die Armut wird diesen Menschen treffen. Am Anfang muss es nicht unbedingt finanzielle Armut sein. Es könnte auch geistliche Armut sein. Ein Mensch verliert seine Warmherzigkeit und seinen Charakter, seine Fähigkeiten und seine Ausgeglichenheit. Schließlich verliert dieser Mensch vielleicht sogar all die guten Eigenschaften, mit denen der Herr ihn am Anfang beschenkt hatte. Junge Leute, die zusammenleben, ohne verheiratet zu sein, verdammen ihre zukünftige Familie zur Armut, auch dann, wenn sie am Ende doch noch heiraten. Eine wilde Ehe ist eine höllische Ehe. Es ist eine Art Ehe, die von der Hölle kommt, bei der die Betreffenden dem Teufel erlauben, ihr zukünftiges Glück zu stehlen und ihnen die Freude von morgen zu rauben. Danach werden sie auch finanziell verarmen. Sie verdammen sich zu Versagen und Niederlage.

Lasse dich niemals auf Unzucht und Ehebruch ein. Für nur wenige Minuten des Vergnügens zahlst du einen sehr hohen Preis. Wenn du weiterhin in dieser Sünde lebst, wirst du völlig verarmen, vielleicht wirst du nicht einmal mehr Brot zu essen haben. Wenn Unzucht oder Ehebruch in dein Leben kommt, werden alle deine guten geistlichen Eigenschaften verschwinden. Davon abgesehen zieht eine verheiratete Frau oder ein verheirateter Mann eine weitere Seele mit in diese Sünde. Unzucht und Ehebruch sind Fallen, aus denen dich nur Jesus Christus befreien kann. Ein Mensch mag sich dessen nicht bewusst sein, aber es ist eine Falle, die ihm gestellt wurde, um ihn seiner Bestimmung zu berauben. Diejenigen, die in diese Falle geraten, können sich nicht frei bewegen. Sie sind gebunden. Anstatt voranzugehen auf das Ziel hin, entfernen sie sich immer weiter davon. Ihre Bestimmung und ihr Leben verlieren ihre Kraft; sie haben keine Perspektive mehr.

Mein Sohn, horche auf meine Weisheit, zu meiner Einsicht neige dein Ohr,

dass du Besonnenheit behältst und deine Lippen Erkenntnis bewahren! Sprüche 5:1,2

Eine weitere Konsequenz der Sünde und des Ehebruchs ist ein Mangel an Wahrnehmungsvermögen. Ein Mensch, der Wahrnehmungsvermögen hat, sieht weiter als seine vergänglichen Vergnügungen und denkt mehr über die weitreichenden Konsequenzen nach. Er richtet seine Aufmerksamkeit mehr auf das Morgen als auf das Heute. Einem Unzüchtigen aber mangelt es an Wahrnehmungsvermögen, deshalb sieht er nicht alle Konsequenzen seines ausschweifenden Lebens.

Denn Honig träufeln die Lippen der Fremden, und glatter als Öl ist ihr Gaumen;

aber zuletzt ist sie bitter wie Wermut, scharf wie ein zweischneidiges Schwert. Sprüche 5:3,4

Die Konsequenzen von Unzucht und Ehebruch sind bitter. Eine weitere Folge der Unzucht, auf die man nicht weiter eingehen muss, ist der Verlust von Respekt und gegenseitiger Akzeptanz. Tragischerweise führt Unzucht auch dazu, dass die Zukunft der Kinder zerstört wird. Diesen Kindern gilt nicht mehr länger das Hauptinteresse der Eltern. Unzucht ruft heimatlose

Kinder hervor, die zu kriminellem Handeln neigen, was wiederum Armut, seelische Störungen und Trägheit der Sinne und des Intellekts erzeugt.

Damit du auf den Pfad des Lebens nur nicht achtgibst, sind unstet ihre Bahnen, und du erkennst es nicht.

Nun denn, ihr Söhne, hört auf mich und weicht nicht ab von den Worten meines Mundes!

Halte fern von ihr deinen Weg und komm ihrer Haustür nicht nah!

Sprüche 5:6-8

Gott gibt uns den Rat, uns einem Ort nicht einmal zu nahen, an dem wir von Unzucht oder Ehebruch versucht werden können. Er rät uns, vor diesen Sünden einfach davonlaufen. Es ist nicht wirklich möglich, sich der Unzucht zu widersetzen, weil das menschliche Fleisch schwach ist und leicht auf falsche Weise reagieren kann.

Niemand von uns kann sich auf unser Fleisch verlassen. Wir können es nicht beschwichtigen, in dem wir uns einreden, die Menschen, die uns anziehen, nur missionieren zu wollen. Es ist in einem solchen Fall besser, den Kontakt komplett abzubrechen und dir von Gott jemand anderen zeigen zu lassen, den du missionieren kannst. Es ist sehr wichtig, Distanz hinsichtlich einer jeden Art von Beziehung zu dieser Person zu wahren und niemals mit ihr allein zu sein. Wenn Gott sagt: „Flieh!" dann ist es wirklich besser, einfach davon zu laufen. Die Bibel empfiehlt uns nicht, zu beten oder zu widerstehen, sondern zu fliehen:

Sonst gibst du andern deine Lebensblüte und deine Jahre einem Grausamen. Sprüche 5:9

Eine weitere sehr traurige Konsequenz von Unzucht und Ehebruch ist die Verschlechterung der Gesundheit eines Menschen, was schreckliches Leid mit sich bringt. Aids und andere Geschlechtskrankheiten, die die Lebensqualität vermindern und das Leben zerstören, müssen dabei nicht einmal erwähnt werden. Selbst dann wenn ein Mensch glücklich und zufrieden scheint, und noch immer in Unzucht lebt, wird das Leben im Alter für ihn elend sein. Er wird einsam und abgelehnt sein, krank, moralisch gebrochen und schutzlos. Niemand wird sich um ihn kümmern, und niemand wird ihm zu Hilfe kommen.

Wozu Unzucht und Ehebruch generell führen

Die allgemeinen Folgen von Unzucht und Ehebruch sind ein totaler Zusammenbruch des Lebens und eine zerstörte Bestimmung. Gottes Wort warnt uns davor:

Ihre Füße steigen hinab zum Tod, auf den Scheol halten ihre Schritte zu. Sprüche 5:5

Das Endergebnis von Ehebruch und Unzucht, dem Ende der Hure, ist der geistliche und sogar der physische Tod. Zunächst tritt der geistliche Tod ein: Der Tod im Geschäftsleben, bei der Arbeit, der Tod der Beziehungen zu Freunden, der Tod der Seele, der Tod der Intellekts. Der Tod ist ein Gefühl der Gleichgültigkeit in der Einstellung zur Arbeit, zu Plänen und zum Erfolg. Manchmal bewirken Unzucht und Ehebruch ein Gefühl der Ablehnung und der Verzweiflung, was einen Menschen dann in den physischen Tod treibt, zu Mord oder Selbstmord.

Gottes Absicht war es, dass die Ehe Schutz, Ruhe und Geborgenheit bietet. Der Apostel Paulus war nicht verheiratet, aber auch ihm war genauso bewusst, wie gefährlich die Unzucht ist, und er fand einen Ausweg daraus.

Sondern ich zerschlage meinen Leib und knechte ihn, damit ich nicht, nachdem ich anderen gepredigt, selbst verwerflich werde.
1.Korinther 9:27

Weil er wusste, dass es der einzige Sinn seines Lebens war, Jesus Christus zu dienen, und er sich nicht an eine Familie binden wollte, disziplinierte der große Apostel seines Leib ständig, indem er sein Fleisch knechtete. Er verließ sich niemals auf sein Fleisch, er verließ sich niemals auf sich selbst, aber er schrie jeden Tag nach Gott, wobei er täglich starb. Der einzige Weg, um Sünde zu überwinden, ist das eigene Fleisch zu demütigen und zu knechten.

Versuchungen werden unvermeidbar in unser Leben kommen, weil der Teufel nicht schlummert. Aber Gott möchte, dass wir uns darin üben, den Sieg über die Versuchung zu erlangen. Dabei sollen wir immer bedenken, dass der, der in uns ist, größer ist als der, der in der Welt ist. Gott hilft uns, jede Art von Versuchung zu überwinden.

Gottes Urteil ist klar: Das Reich Gottes wird niemals den unreinen Menschen gehören, und dazu gehören auch Unzüchtige und Ehebrecher:

Oder wisst ihr nicht, dass Ungerechte das Reich Gottes nicht erben werden? Irrt euch nicht! Weder Unzüchtige noch Götzendiener noch Ehebrecher noch Lustknaben noch Knabenschänder

noch Diebe noch Habsüchtige noch Trunkenbolde noch Lästerer noch Räuber werden das Reich Gottes erben. 1.Korinther 6:9,10

Um das Reich Gottes zu erben, musst du ein wahrer Christ sein, der nach Gottes Wort lebt und im Licht wandelt. Gott ist von den Worten, die du sprichst, nicht beeindruckt: Er sieht deine Taten. Und wenn du Probleme auf diesem Gebiet hast, kann er dir helfen, dich von diesen Problemen zu erlösen und dich mit dem Blut seines geliebten Sohnes waschen. Gott möchte deinen Weg erleuchten, damit dich die Finsternis nicht vom Weg des Lebens abbringen kann. Gott rät den Menschen sehr eindringlich:

Flieht die Unzucht! Jede Sünde, die ein Mensch begehen mag, ist außerhalb des Leibes; wer aber Unzucht treibt, sündigt gegen den eigenen Leib. 1.Korinther 6:18

Versuche immer, dich von der Unzucht fernzuhalten, damit du nicht gegen deinen eigenen Leib sündigst oder gegen dein eigenes Leben. Lerne, gemäß der Bibel zu leben, lerne vom Autor des Lebens, von Jesus Christus. Nur seine Heilmittel können dein

Leben heilen, so dass wir alle ernsthafte und weise Menschen von hohem Niveau werden können, Menschen der Rechtschaffenheit, die in Gottes Wahrheit und Heiligkeit verwurzelt sind.

Goldene Wahrheiten

1. Früher oder später macht die Sünde bei einem Menschen ihren Anspruch geltend.

2. Die Sünde abzulehnen ist keine Last, im Gegenteil, es bringt Freiheit und Erleichterung.

3. Gott hat die Institution Ehe für gemeinsames Glück und Freude geschaffen.

4. Jede sexuelle Sünde beginnt mit Schmeichelei.

5. Die Waffe des Teufels ist eine Täuschung unserer Vorstellungskraft.

6. Jede außereheliche intime Beziehung hat auch geistliche Auswirkungen, die Folgen können sehr massiv sein.

7. Der Geist der Unzucht und des Ehebruchs beraubt den Menschen seiner Autorität im geistlichen Bereich.

8. Unzucht und Ehebruch bringen destruktive Konsequenzen in das Leben eines Menschen:

    - Armut
    - Mangelndes Wahrnehmungsvermögen
    - Verlust von Respekt und gegenseitiger Annahme;
    - Kinder mit einer zerstörten Zukunft
    - Trägheit der Sinne und des Intellekts
    - Verschlechterung der Gesundheit.

9. Das Endergebnis von Ehebruch und Unzucht ist geistlicher und sogar physischer Tod.

Kapitel 2
Vor den Toren Sodoms

Die zerstörerische Kraft der Unzucht, über die wir im vorigen Kapitel gesprochen haben, beeinflusst auch heute noch das Leben vieler Menschen in unserer Welt.

Die Menschheit hat die Schwelle zum 3. Jahrtausend übertreten. Die Bibel sagt, dass wir in den letzten Tagen leben, einer Zeit, in der all die Laster der Menschheit, die Folgen der sündhaften Natur des Menschen, noch schlimmer werden denn je. Die neuesten technologischen Entwicklungen und Errungenschaften der modernen Zivilisation vergiften wie ein eitriger Infekt mehr und mehr Menschen, unabhängig von ihrem Alter, Geschlecht, ihrer Nationalität und sozialer Stellung.

Das Fernsehen und Internet gießen ungehindert einen endlosen Strom an Gewalt, Pornographie und Perversion in den menschlichen Geist aus. Freie Liebe und wilde Ehe sind in der Gesellschaft zur Normalität geworden. Die stärkere Hälfte der Menschheit hat sich ihr Privileg, zur Vaterschaft berufen zu sein, verwirkt, und die Vertreter des schöneren Geschlechts haben die Rolle der Mutterschaft und die Weitergabe des Lebens, die Gott ihnen anvertraut hat, vergessen. Stattdessen verwöhnen sie sich selbst und zerstören ihr Leben mit Rauchen, Drogen, Prostitution, Abtreibung und Alkohol.

Sodom als Modell der modernen Welt

Die Menschheit war einmal in einem ähnlichen Zustand, wie wir es heute erleben. Die ganze Welt weiß von dem traurigen Schicksal zweier außerordentlich wohlhabender, und doch geistlich verarmter und schamlos korrupter Städte, von deren Zerstörung wir in der Bibel lesen.

Und die beiden Engel kamen am Abend nach Sodom, als Lot gerade im Tor von Sodom saß. Und als Lot sie sah, stand er auf, ging ihnen entgegen und verneigte sich mit dem Gesicht zur Erde;

und er sprach: Ach, siehe, meine Herren! Kehrt doch ein in das Haus eures Knechtes, und übernachtet, und wascht eure Füße; morgen früh mögt ihr dann eures Weges ziehen! Aber sie sagten: Nein, sondern wir wollen auf dem Platz übernachten.

Als er jedoch sehr in sie drang, kehrten sie bei ihm ein und kamen in sein Haus. Und er machte ihnen ein Mahl, backte ungesäuertes Brot, und sie aßen.

Noch hatten sie sich nicht niedergelegt, da umringten die Männer der Stadt, die Männer von Sodom, das Haus, vom Knaben bis zum Greis, das ganze Volk von allen Enden der Stadt.

Und sie riefen nach Lot und sagten zu ihm: Wo sind die Männer, die diese Nacht zu dir gekommen sind? Führe sie zu uns heraus, dass wir sie erkennen!

Da trat Lot zu ihnen hinaus an den Eingang und schloss die Tür hinter sich zu;

und er sagte: Tut doch nichts Böses, meine Brüder!

Seht doch, ich habe zwei Töchter, die keinen Mann erkannt haben; die will ich zu euch herausbringen. Tut ihnen, wie es gut ist in euren Augen! Nur diesen Männern tut nichts, da sie nun einmal unter den Schatten meines Daches gekommen sind!

Aber sie sagten: Zurück da! Und sie sagten: Da ist einer allein gekommen, sich als Fremder hier aufzuhalten, und will sich schon als Richter aufspielen! Nun, wir wollen dir Schlimmeres antun als jenen. Und sie drangen hart ein auf den Mann, auf Lot, und machten sich daran, die Tür aufzubrechen.

Da streckten die Männer ihre Hand aus und brachten Lot zu sich herein ins Haus; und die Tür verschlossen sie.

Die Männer aber, die am Eingang des Hauses waren, schlugen sie mit Blindheit, vom kleinsten bis zum größten, so dass sie sich vergeblich mühten, den Eingang zu finden.

Und die Männer sagten zu Lot: Hast du hier noch jemanden? Einen Schwiegersohn und deine Söhne und deine Töchter oder einen, der sonst noch in der Stadt zu dir gehört? Führe sie hinaus aus diesem Ort!

Denn wir werden diesen Ort vernichten, weil das Geschrei über sie groß geworden ist vor dem HERRN; und der HERR hat uns gesandt, die Stadt zu vernichten.

Da ging Lot hinaus und redete zu seinen Schwiegersöhnen, die seine Töchter nehmen sollten, und sagte: Macht euch auf, geht aus diesem Ort! Denn der HERR wird die Stadt vernichten. Aber er war in den Augen seiner Schwiegersöhne wie einer, der Scherz treibt.

Und sobald die Morgenröte aufging, drängten die Engel Lot zur Eile und sagten: Mache dich auf, nimm deine Frau und deine beiden Töchter, die hier sind, damit du nicht weggerafft wirst durch die Schuld der Stadt!

Als er aber zögerte, ergriffen die Männer seine Hand und die Hand seiner Frau und die Hand seiner beiden Töchter, weil der HERR ihn verschonen wollte, und führten ihn hinaus und ließen ihn außerhalb der Stadt.

Und es geschah, als sie sie ins Freie hinausgeführt hatten, da sprach er: Rette dich, es geht um dein Leben! Sieh nicht hinter dich, und bleib nicht stehen in der ganzen Ebene des Jordan; rette dich auf das Gebirge, damit du nicht weggerafft wirst!

Aber seine Frau sah sich hinter ihm um; da wurde sie zu einer Salzsäule. 1.Mose 19:1-17, 26

Die antike Stadt Sodom war bekannt für ihre Korruption, Unmoral und ihren Mangel an jeglichen moralischen Richtlinien. Sie ist ein Modell für unsere moderne Welt, die so voller Sünde und Verfehlungen ist. Die Bewohner dieser Stadt taten, was immer sie in ihren Augen für richtig hielten. Unzucht, Ehebruch und sexuelle Perversionen waren für die Bewohner der Stadt, die sich schon lange in der Sünde suhlten, an der Tagesordnung.

Eines Tages kamen zwei Fremde nach Sodom. Die Stadtbewohner empfingen sie als Gäste, ohne zu wissen, dass die Besucher eigentlich Engel in Menschengestalt waren. Diese Leute weckten das Interesse der Stadtbewohner. Diese entschieden sich daraufhin, die Neuankömmlinge zu verführen und sie mit in den Sumpf der Sünde zu ziehen, in dem auch sie sich befanden. Diese furchtbaren Dinge spielten sich vor Lots Haus ab, direkt vor dessen Hauseingang. Lot war der Neffe Abrahams, dort waren die Besucher untergekommen. Gott sah und wusste, was in Sodom vor sich ging, und er hatte diese Engel ausgesandt, um die einzige Familie der Stadt, die deren verdorbenen Lebensstil noch nicht zum Opfer gefallen war, zu warnen. Die Gebete Abrahams hatten diese Familie bewahrt. Abraham war Lots Onkel. Vielleicht hatte Gott nur aus diesem Grund seine Engel geschickt, um Lots Familie zu retten. Gott hatte entschieden, Sodom im Feuer zu vernichten. Er ließ Feuer auf die Stadt regnen, so wurde praktisch alles in der Stadt, einschließlich der Bewohner, verbrannt und vernichtet. Gott sagte, dass an diesem Ort niemals wieder etwas wachsen würde, und bis zum heutigen Tag ist diese Gegend eine Wüste. Der Fluch, den Gott über Sodom gebracht hatte, sollte für immer wirksam bleiben.

Die Geschichte Sodoms ist eine Mahnung an unsere moderne Welt. So wie Lot leben Christen heute inmitten einer verdorbenen Generation, und mit jedem Jahr verfällt die Welt immer schneller. Es ist weder einfach noch sicher, in der heutigen Zeit als rechtschaffener Mensch zu leben.

In Sodom leben ohne zu einem Sodomiten zu werden

Wir müssen uns bewusst machen, dass wir Christen diejenigen sind, die Gott die Braut Christi nennt. Ich habe das bereits im Vorwort erwähnt. Wir unterscheiden uns vom Rest der Welt: wir sind erlöst und vom Blut Jesu Christi gereinigt worden. Der Heilige Geist lebt in uns. Wir müssen uns klar machen, dass wir uns von dieser gegenwärtigen Welt grundlegend unterscheiden. Wir leben nicht so, wie der Rest der Welt lebt. Aber warum leben wir nicht wie die Welt? Früher haben auch wir, so wie jeder andere auch, geraucht, getrunken, Unzucht getrieben, gestohlen, Drogen genommen und Menschen betrogen. Aber eines Tages kam Jesus in unser Leben…. Er rettete uns, reinigte uns durch sein Blut und befreite uns von der Sklaverei der Sünde.

Das ist der Grund, warum wir uns, wenn wir treue Christen sind, von der Sünde fernhalten; nicht weil wir die Fähigkeit zu sündigen verloren hätten, sondern weil uns die Sünde kein Vergnügen mehr bereitet. Sie ist nur die nette Verpackung eines gefährlichen Todespäckchens. Was uns nun echte Befriedigung gibt, ist die Gemeinschaft mit Gott, der Quelle wahren Lebens. Von jetzt an haben wir das Leben Gottes, das in uns übersprudelt, so wie ein Brunnen der Freude, der niemals austrocknet.

Die Welt um uns herum ist wie Sodom. Aber obwohl wir in Sodom leben, sollen wir nicht wie Sodoms Bürger sein, wir sollen nicht zu Sodomiten werden.

Jesus Christus sagte, dass wir nicht von dieser Welt sind, obwohl wir in ihr leben.

Ich bitte nicht, dass du sie aus der Welt wegnimmst, sondern dass du sie bewahrst vor dem Bösen.
Sie sind nicht von der Welt, wie ich nicht von der Welt bin.
Johannes 17:15,16

Die Welt möchte, dass wir zu ihr gehören. Alles um uns herum, Fernsehen und Bücher, Zeitungen und Zeitschriften, Cafes und Restaurants, Nachtclubs und Casinos, sie alle versuchen, uns in eine Atmosphäre der Sünde und Versuchung zu locken. Der Lebensstil, der überall um uns herum gedeiht, erinnert uns an das Leben in dieser berüchtigten Stadt. Es ist gerade deshalb so wichtig, dass wir aufpassen, nicht zu einem Teil Sodoms zu werden.

Gemäß Jesu Worten gehören wir nicht zu dieser Welt. Wir sind von der Sklaverei der Sünde befreit worden durch das Opfer des Sohnes Gottes. Wir sind erlöst worden und müssen unsere Errettung wertschätzen. Unsere Errettung ist das kostbare Juwel unseres Lebens, unser größter Schatz, ein Wert, den der Teufel sehr wohl versteht. Er weiß, dass Errettung das wichtigste ist, was ein Mensch besitzen kann. Deshalb ist es sein Ziel, alles zu t, was in seiner Macht steht, damit wir diese verlieren.

Ich bitte dich eindringlich: Geh nicht in diese sündige Stadt, arbeite nicht mit den Sodomiten zusammen. Die Welt wird dir Verlockungen aller Art bieten, um dich ganz allmählich, nach und nach zu einem normalen weltlichen Menschen zu machen. Sie bringt dich dazu, noch immer zu glauben, dass du gerettet bist, aber eines Tages wirst du erwachen und feststellen, dass du in den Fallstricken des Teufels gefangen bist. Die Welt wird dich locken und anziehen, damit sie dich mit ihrer Sünde infizieren kann. Höre auf die Worte Gottes:

Wir wissen, dass wir aus Gott sind, und die ganze Welt liegt in dem Bösen. 1.Johannes 5:19

Göttliche Identität

Wir müssen uns bewusst machen, dass wir zu Gott gehören und es deshalb unsere Pflicht ist, dagegen anzukämpfen, dass sich das Böse ausbreitet und die Sünde (besonders Unzucht und Ehebruch) uns angreift. Wir müssen gegen all die Plagen der letzten Tage ankämpfen. Sodom und Gomorrah sind nämlich noch einmal in diese Welt gekommen. Möchtest du zu ihrem nächsten Opfer werden? Möge Gott dich und deine Verwandten davor bewahren, zu ihrer Beute zu werden. Wir müssen um unsere Identität wissen, unsere wahre Blutsverwandtschaft. Unsere Identität ist der Himmel. Unser Zuhause ist im Himmel. Wir sind hier auf der Erde, um eine einzige Aufgabe auszuführen: andere zu erretten und ihnen zu helfen, den Weg zum Haus des Vaters zu finden.

Wenn ihr nun mit dem Christus auferweckt worden seid, so sucht, was droben ist, wo der Christus ist, sitzend zur Rechten Gottes!

Sinnt auf das, was droben ist, nicht auf das, was auf der Erde ist!

Denn ihr seid gestorben, und euer Leben ist verborgen mit dem Christus in Gott. Kolosser 3:1-3

Wenn du mit Christus auferweckt worden bist, dann sitzt du mit ihm zusammen zur Rechten des Vaters.

Trachte nur nach der Weisheit und Gerechtigkeit Gottes. Trachte nur nach dem höchsten Gut, denn das ist es, was dir wahre Befriedigung geben wird und dich fit macht für dein Erbe im Himmel. Trachte nach den himmlischen Segnungen! Lasse deine Augen auf den Himmel gerichtet sein. Richte deine ganze Aufmerksamkeit auf den Himmel, denn schließlich steht der Himmel allen offen! Lass deine größte Sehnsucht immer der Himmel sein. Werde zu einem Himmelsbürger, sonst wirst du am Ende mit denen leiden, die auf der Erde leben, und all ihre Probleme werden auch dich ereilen (Offenbarung 12:12).

Das wahre Leben eines Christen ist nicht unser Leben hier auf der Erde. Es ist das Leben, welches in Gott verborgen ist. Denn in ihm leben wir, bewegen wir uns und sind wir. Als reine Braut Christi leben wir heute nur für den Herrn. Das muss unser einziges Bestreben sein, unser einziges Ziel.

Unser Leben gehört nicht mehr länger uns – es ist Gottes Leben. Deshalb müssen wir in Würde leben und mit unserem Leben die Prinzipien Jesu demonstrieren, seine Heiligkeit und seinen Charakter. Dann kann die ganze Welt sehen und verstehen, wie das Leben und der Charakter dessen sind, der für uns gestorben ist. Unser Leben sollte nicht befleckt und von Unzucht gekennzeichnet sein.

Bürger des Himmels und Bürger der Erde

Geht nicht unter fremdartigem Joch mit Ungläubigen! Denn welche Verbindung haben Gerechtigkeit und Gesetzlosigkeit? Oder welche Gemeinschaft Licht mit Finsternis?

Und welche Übereinstimmung Christus mit Belial? Oder welches Teil ein Gläubiger mit einem Ungläubigen?

Und welchen Zusammenhang der Tempel Gottes mit Götzenbildern? Denn wir sind der Tempel des lebendigen Gottes; wie Gott gesagt hat: "Ich will unter ihnen wohnen und wandeln, und ich werde ihr Gott sein, und sie werden mein Volk sein."

Darum geht aus ihrer Mitte hinaus und sondert euch ab!, spricht der Herr. Und rührt Unreines nicht an! Und ich werde euch annehmen

und werde euch Vater sein, und ihr werdet mir Söhne und Töchter sein, spricht der Herr, der Allmächtige. 2.Korinther 6:14-18

Die Menschen sind oft unvernünftig und maßen sich an, ihr Leben alleine organisieren zu können und Gott nicht zu brauchen. Sie sind davon überzeugt, dass ihre Zukunft nur allein von ihnen und ihrem materiellen Wohlergehen abhängt. Aber ist es nicht Gott, der ihnen das Leben, Geld, die Familie und Kinder gegeben hat? Wie können Menschen sagen oder auch nur denken, dass sie ohne Gott zurechtkommen? Wie können sie nicht genügend Zeit für Gott haben? Würde Gott sich entfernen, so würden sie alles verlieren, auch das Leben selbst. Die Welt ohne Jesus Christus geht auf die Zerstörung zu. Aus diesem Grund müssen wir uns noch enger an ihn halten. Weil wir in der Welt leben, müssen wir darauf achten, dass wir unseren Lebenswandel in Christus nicht gegen einen weltlichen Lebensstil eintauschen. Achte besonders darauf, mit wem du einen engen Umgang hast und auf die Entscheidungen, die du triffst. Sorge dafür, dass dein ganzes Herz und deine ganze Seele fest im Himmel verwurzelt sind, wenn du auch in dieser Welt lebst. Denke immer daran, wer dir alles gegeben hat! Richte dein Denken auf die himmlischen Dinge. Werde zu einem Himmelsbürger! Lass dein Streben und deine Träume stets auf die himmlischen Dinge ausgerichtet sein. Wenn du auf die Erde hinunterfällst, dann wird dich diese Welt verschlingen.

Darum seid fröhlich, ihr Himmel und die ihr in ihnen wohnt! Wehe der Erde und dem Meer! Denn der Teufel ist zu euch hinabgekommen und hat große Wut, da er weiß, dass er nur eine kurze Zeit hat. Offenbarung 12:12

Immer wenn Christen beginnen, das zu tun, was die Ungläubigen tun, fallen sie von einer höheren auf eine niedrigere Ebene hinab (Johannes 3:31)

Ein Mensch, der vom Himmel kommt, steht über einem jeden Problem, während der Mensch, der von der Erde ist, dem Elend dieser Erde unterworfen ist; er spricht so, wie es die Menschen der Welt tun und erzielt dieselben Ergebnisse. Christen und die Menschen der Welt haben völlig unterschiedliche Ziele. Aber durch Egoismus, Egozentrik und das Streben nach Zügellosigkeit werden viele Menschen, auch Christen, in das Milieu der Bürger Sodoms hineingezogen. Unzucht und Ehebruch, wilde Ehen und freie Liebe, all das sind Eigenschaften Sodoms.

Diese Eigenschaften sind völlig unpassend für einen jeden, der seinen Platz bei Christus in der himmlischen Welt sieht.

Und welche Übereinstimmung Christus mit Belial? Oder welches Teil ein Gläubiger mit einem Ungläubigen?

Und welchen Zusammenhang der Tempel Gottes mit Götzenbildern? Denn wir sind der Tempel des lebendigen Gottes; wie Gott gesagt hat: "Ich will unter ihnen wohnen und wandeln, und ich werde ihr Gott sein, und sie werden mein Volk sein."

2.Korinther 6:15,16

Jeder Christ muss sich darüber im klaren sein, dass er ein Tempel des lebendigen Gottes ist. Weil Gott in ihm wohnt, ist es notwendig, dass er seine Würde schützt. Du darfst dem Teufel nicht erlauben, dass er dir Gottes Gegenwart stiehlt.

Wie verführt der Teufel Christen? Wie hat Sodom es geschafft, Christen in den Abgrund zu ziehen?

Als Gott Lot aus Sodom herausführte, ging seine Frau mit ihm. Aber ihre Seele und ihr Herz waren noch immer in Sodom, wo sie all ihren Reichtum, ihre Freunde und ihr ganzes Leben zurückgelassen hatte. Sie ließ ihr Herz in Sodom zurück, deshalb nahm sie ein so tragisches Ende. Wo ist dein Herz? Wem gehört dein Herz? Wen liebt dein Herz?

Liebt nicht die Welt noch was in der Welt ist! Wenn jemand die Welt liebt, ist die Liebe des Vaters nicht in ihm;

denn alles, was in der Welt ist, die Begierde des Fleisches und die Begierde der Augen und der Hochmut des Lebens, ist nicht vom Vater, sondern ist von der Welt. Und die Welt vergeht und ihre Begierde; wer aber den Willen Gottes tut, bleibt in Ewigkeit.

1.Johannes 2:15-17

Du gehst vielleicht zur Kirche, lebst aber noch immer in Sodom. Wenn deine Seele nicht in Gott gefestigt ist, wenn dein Herz und dein Gewissen nicht in Jesus Christus gestärkt sind, dann wirst du vielleicht ohne es zu merken zu einem Bürger Sodoms. Dann wirst du zusammen mit allen anderen das Schicksal Sodoms erleiden. Gott schaut zunächst einmal auf unser Herz. Wenn du Gott nicht liebst, sondern die Welt, dann wohnt Gottes Liebe nicht in dir und du hast keinen wahren Frieden und keine wahre Freude.

Welche Schlüsse müssen wir aus dem Leben Lots in Sodom ziehen? Die Antwort ist einfach: wir sollen die Welt nicht lieben. Gott gibt uns weltliche Güter, damit wir uns an ihnen erfreuen können, wir dürfen uns jedoch nicht in sie verlieben. Liebe Gott und werde zu einem Himmelsbürger, dann wird es dir leicht fallen, die Dinge der Welt nicht zu lieben, weil Gott dir die Freude des Lebens schenken wird, welche gesund und unvergänglich ist. Er ist der Schöpfer und der Geber aller Dinge, nicht die Welt. Denke daran!

Die Wurzeln Sodoms

Jeder, der versucht, ein weltliches Leben zu leben, und Jesus dabei vergisst, ihn mit seinem Leben nicht verherrlicht, wird von den Schlingen Sodoms eingefangen werden. Menschen, die gern nur für sich selbst leben, werden von Sodom in den Abgrund gezogen.

Wo lebst du heute? Hast du eine Versicherung des Reiches Gottes, oder sitzt du am Rande des Abgrundes, vor den Toren Sodoms? Was für ein Leben lebst du?

Lebst du ein Leben für dich selbst oder ein Leben, das Christus ehrt und erhebt?

Viele Menschen, die sich Christen nennen, haben bereits in Sodom Wurzeln geschlagen, und auf diese Weise sind sie Lots Familie ähnlich. Als die Engel zu Lot kamen und ihm sagten, dass Gott sie aus der Stadt herausführen möchte, weil diese zerstört werden würde, war seine Familie tragischerweise bereits stark an diese Stadt gebunden. Sie hatte in Sodom Wurzeln geschlagen.

Da ging Lot hinaus und redete zu seinen Schwiegersöhnen, die seine Töchter nehmen sollten, und sagte: Macht euch auf, geht aus diesem Ort! Denn der HERR wird die Stadt vernichten. Aber er war in den Augen seiner Schwiegersöhne wie einer, der Scherz treibt.

1.Mose 19:14

Lots Verwandten hielten diese Warnung für eine Art Märchen. Was? Sodom wird zerstört werden? Wovon spricht er? Nichts wird sich ändern, alles ist ganz normal. Viele Leute sprechen heute genauso. Was meinst du damit? Hölle? Was soll das alles mit dem Himmel? Wir leben jetzt hier auf der Erde. Dieses ganze Reden über die Ewigkeit ist einfach nur eine Erfindung des Verstandes. Die Menschen, die so reden, sind genauso kurzsichtig wie Lot und wie seine unvernünftigen Verwandten. Sie nahmen den Unterschied zwischen der Wahrheit Gottes und der Nachahmung des Teufels nicht wahr. Sowohl der Himmel als auch die Hölle sind real. Ein klarer Beweis für das, was die vermeintliche Selbstständigkeit dem Menschen kosten kann, ist die Zerstörung Sodoms. Gott warnt uns, nicht denselben Fehler wie die Verwandten Lots zu machen.

Liebt nicht die Welt noch was in der Welt ist! Wenn jemand die Welt liebt, ist die Liebe des Vaters nicht in ihm;

denn alles, was in der Welt ist, die Begierde des Fleisches und die Begierde der Augen und der Hochmut des Lebens, ist nicht vom Vater, sondern ist von der Welt.

1.Johannes 2:15,16

Was meinen wir also damit, wenn wir sagen, dass wir in Sodom Wurzeln geschlagen haben?

Die **erste Wurzel** ist die Lust der Augen. Viele Menschen werden von dem beherrscht, was sie sehen, ihre Lust diktiert ihnen ihr Verlangen. Diese Menschen sind Sklaven ihrer eigenen Lust. Das Verliebtsein in die Frau eines anderen oder das Verlangen, sich mit einer Prostituierten einzulassen ist nichts weiter als die Lust der Augen. Wenn diese Menschen etwas sehen, das ihnen gefällt und ihr Verlangen weckt, dann möchten sie es besitzen. Die Lust ist zu ihrem Herrn geworden, und diese Menschen sind zu dessen Sklaven geworden. Jeder Mensch wird zum Sklaven dessen, welchem er dient. Manche Menschen sind Sklaven der Zigaretten, andere sind Sklaven des Alkohols. Und die Menschen, die Gott dienen, sind Sklaven Gottes. Es ist ein großer Vorteil, Sklave Gottes zu sein. Die Wahrheit diesbezüglich ist, dass der Mensch lernen muss, alleine vom König der Könige abhängig zu sein, welcher die Quelle des menschlichen Lebens ist.

Die **zweite Wurzel** bzw. das zweite Lockmittel, das der Teufel gebraucht, ist die Lust des Fleisches. Das menschliche Fleisch giert nach immer mehr. Ein fleischlicher Mensch ist sehr oft nicht in der Lage, sein eigenes Verlangen zu kontrollieren. Sex, Pornographie, Völlerei, Kleidung und viele andere Dinge nehmen in einem so hohen Maße Besitz von diesem Menschen, dass er besessen wird. In diesem Fall ist das Verlangen des Fleisches zum Gott dieses Menschen geworden, für welchen er lebt. Gott zwingt einem Menschen niemals eine Entscheidung auf, aber der Mensch selbst entscheidet, was er als wichtig ansieht, oft ohne ernsthaft darüber nachzudenken. Das Leben dieses Menschen wird nicht vom Geist Gottes gelenkt. Gott ist nicht der Herr seines Lebens. Wer ist dann sein Herr? Auf Anhieb scheint es so, dass der Mensch selbst Herr über sein eigenes Leben ist. In Wirklichkeit aber ist der Teufel sein Herr. Dieser zwingt ihn dazu, impulsiv zu handeln und immer wieder dieselben teuflischen Wünsche auszuführen. Die unsichtbaren Schlingen Sodoms fangen ihn fast unmerklich mit dem Lebensstil Sodoms ein und lassen ihn fest darin verwurzelt werden. Er merkt nicht einmal, wie ihm geschieht und hält sich noch immer für vollkommen frei. So ein Mensch ist ganz schwer getäuscht worden, seine inneren Augen sind geschlossen, ohne es zu merken steuert er direkt auf die Zerstörung zu.

Die **dritte Wurzel** ist der Stolz des Lebens. Viele Menschen glauben, dass Stolz eine positive Tugend sei, die einen Menschen dazu inspiriert, großartige Dinge zu vollbringen. Tatsächlich ist er aber eine dämonische Kraft, eine Waffe, die der Teufel benutzt, um viele Menschen in die Niederlage zu stürzen. Der Mensch mit seiner eigenen selbstsüchtigen, sündigen Natur neigt von Natur aus dazu, sein eigenes Ich zu erheben, ohne darauf zu hören, was andere ihm sagen oder ihre Zustimmung zu suchen. Er ist kaum fähig, sich zu demütigen oder mit anderen Menschen Geduld zu haben und ihnen zu vergeben. Die ganze Welt muss sich um ihn drehen, er muss im Mittelpunkt stehen.

Einmal musste ich mit jemandem zusammen im Auto fahren. Wir kamen ins Gespräch, und es stellte sich heraus, dass dieser Mann ein großes Problem hatte: Seine Familie stand kurz vor dem Zusammenbruch. Ich erklärte ihm, dass wenn Gott im Leben eines Menschen herrscht, er auch angemessene Richtlinien für das Familienleben habe. Der Mann gab mir daraufhin zur Antwort, er selbst sei der Gott seines Lebens, und er glaube nicht an „Märchen". Es war so traurig zu sehen, wie jemand, der nach außen hin recht intelligent erschien, so unvernünftig in seinen

Urteilen war. Ich fragte ihn daraufhin, was wäre, wenn er am nächsten Tag bei einem Autounfall ums Leben käme. Würde sein Gott dann auch sterben? Was für einen vergänglichen Gott hatte sich dieser Mann zu seiner Verteidigung ausgesucht!

Wie kann ein Mensch der Gott seines eigenen Lebens sein, wenn er nicht einmal sein eigenes Leben bewahren oder schützen kann? Wie kann ein Mensch etwas, das keine Macht, Stärke oder Kraft hat, zum Gott seines Lebens machen?

Kann ein Mensch dem Mond oder der Sonne Befehle erteilen? Kann er einen Sturm anhalten oder bestimmen, wo ein Blitz einschlagen soll? Der Geist einiger Menschen ist völlig vom Stolz verblendet. Sie glauben, allmächtig zu sein, obwohl ihr Leben in Wirklichkeit nur Schall und Rauch ist. Gott lehrt die Menschen, bescheiden und demütig zu sein. Der Teufel jedoch gibt ihnen immer wieder die Illusion, überlegen zu sein. Gott lehrt uns, einander zu dienen, während uns der Teufel einflüstert, dass andere uns dienen sollten. Aber es sind allein die Gedanken und Handlungen Gottes, die zum Leben führen. Die „Hilfe" des Teufels führt am Ende immer zum Untergang und zur Zerstörung. Das sehen wir auch am Beispiel Lots und seiner Familie, in der erbärmlichen und unrühmlichen Stadt Sodom.

Werde nicht zu einem Freund Sodoms, deren Bürger alle vernichtet werden! Werde nicht zu einem Freund Sodoms, weil Gott Feuer auf alle hinabregnen lassen wird, die dort leben. Finde zu Jesus Christus, und möge dein Leben auf Gott ausgerichtet sein! Du kannst nur durch ihn verherrlicht werden. Folge nicht dem Beispiel der Bürger Sodoms und beneide diese nicht. Du musst fest in Gott verwurzelt sein. Du musst auf den Himmel ausgerichtet sein und dich nach den Dingen ausstrecken, die ewig sind in Jesus Christus.

Goldene Wahrheiten

1. Die Geschichte Sodoms ist eine Mahnung an die moderne Welt.

2. Wenn wir Christen auch in Sodom leben, dürfen wir nicht zu Bürgern Sodoms werden.

3. Erlösung ist das Wichtigste, das ein Mensch hat, und der Teufel weiß sehr wohl um deren Wert.

4. Die Welt wird immer wieder versuchen, uns wegzulocken, damit sie uns mit der Sünde infizieren kann.

5. Unzucht und Ehebruch sind die Plagen der letzten Tage.

6. Richte deine ganze Aufmerksamkeit auf den Himmel; werde zu einem Bürger des Himmels.

7. Unser Leben gehört nicht mehr uns selbst. Es ist jetzt das Leben Jesu Christi, der in uns wohnt.

8. Wir müssen wissen, wie wir den Unterschied zwischen Gottes Wahrheit und der Nachahmung des Teufels erkennen.

9. Wir Christen haben völlig andere Ziele als die Welt sie hat.

Kapitel 3
Stell dir nicht selbst eine Falle

Wie schon gesagt, zerstört der Mensch sich selbst oft das, was Gott für ihn bereitet hat, obwohl Gott ihn mit einer wunderbaren Bestimmung gesegnet hat. Manchmal zerstört er sich diese Bestimmung sogar ganz. Gott ist sich dieser Gefahr bewusst, also warnt er uns vor den möglichen Konsequenzen, die wir auf uns ziehen, wenn wir eine achtlose, gleichgültige Einstellung unserer Bestimmung und seinem Ziel für unser Leben gegenüber haben.

Im Laufe der Jahrhunderte hat er durch sein Wort zu uns gesprochen, das uns warnen und schützen kann, wenn wir unsere Entscheidungen auf der Grundlage des Wortes Gottes treffen und auf den richtigen Weg zurückkehren.

Geheimnisse kommen immer ans Licht

Viele nützliche Lektionen kann man aus den lehrreichen Geschichten lernen, die in der Bibel erzählt werden, dem Lebendigen Wort Gottes. Vieles im Leben der Helden dieser Geschichten spiegelt das Leben vieler unserer Zeitgenossen wider. Christen sollten diese Geschichten nicht nur lesen, sondern auch aus den Fehlern lernen, die diese biblischen Gestalten gemacht haben, damit wir diese in unserem Leben nicht wiederholen. Wir können z. B. einige aufschlussreiche Lektionen aus dem Leben eines Riesen namens Samson lernen, von dem uns die Bibel erzählt:

> *Und Simson ging nach Gaza. Dort sah er eine Hure und ging zu ihr hinein.*
>
> *Das berichtete man den Gazitern und sagte: Simson ist hierhergekommen. Da umstellten sie ihn und lauerten ihm die ganze Nacht im Stadttor auf. Und sie verhielten sich die ganze Nacht still*

und sagten: Bis der Morgen hell wird, dann wollen wir ihn erschlagen.

Und Simson lag bis Mitternacht. Um Mitternacht aber stand er auf und packte die Flügel des Stadttores und die beiden Pfosten und riss sie samt dem Riegel heraus und legte sie auf seine Schultern. Und er trug sie auf den Gipfel des Berges, der nach Hebron zu liegt.

Und es geschah danach, da gewann er eine Frau im Tal Sorek lieb, ihr Name war Delila.

Da gingen die Fürsten der Philister zu ihr hinauf und sagten zu ihr: Betöre ihn und sieh, wodurch seine Kraft so groß ist und wodurch wir ihn überwältigen können, dass wir ihn binden, um ihn zu bezwingen! Wir wollen dir jeder 1 100 Schekel Silber geben.

Da sagte Delila zu Simson: Vertrau mir doch an, wodurch deine Kraft so groß ist und womit man dich binden muss, um dich zu bezwingen! Richter 16:1-6

Samson war ein Mann, dessen Leben Gott geweiht war, und er war reich von Gott gesegnet. In der ganzen Geschichte der Menschheit gab es noch nie einen Mann, der stärker war als Samson. Wenn er zu unserer Zeit gelebt hätte, stünde sein Name gewiss im Guinness Buch der Rekorde. Die Bibel erzählt uns von Samsons großen Taten, die für einen modernen Menschen schwer vorstellbar sind. Bei einer Gelegenheit tötete er einen Löwen mit seinen bloßen Händen, so als wäre dieser eine junge Ziege. Als ihn die Philister dann mit Seilen festbanden, riss er diese ab wie Flachs, das vom Feuer verbrannt wird. Weil er sich an den Philistern rächen wollte, tötete er tausend Männer der Philister mit dem Kieferknochen eines Affen. Allerdings hatte dieser Held Samson eine Schwäche, und diese Schwäche kostete ihn das Leben. Die Sünde der Unzucht hinderte ihn daran, Gottes Segen zu genießen. Seine Leidenschaft für Frauen wurde zu einer Falle für ihn, eine Falle, die er sich selbst gestellt hatte.

Die Sünde der Unzucht ist ein Werk der Finsternis. Jeder, der Unzucht treibt, versucht, diese zu verstecken. Samson ging zu einer Hure und stellte sich damit selbst eine Falle. Er tat es heimlich, und deshalb war er sich sicher, dass es niemand herausfinden würde. Aber während Samson sich an den Zärtlichkeiten der Hure erfreute, völlig abgelenkt und vergnügt, umringten die Bürger Gazas das Haus, in dem er war. Es bleibt nichts im Geheimen, das nicht offenbart werden wird. Samson war bereits in einer Schlinge gefangen, obwohl er es selbst noch nicht sehen oder spüren konnte.

Geistliche Kriminelle

Die Geschichte, die wir betrachten, ist noch heute genauso real. Genau dasselbe geschieht heute, wenn ein Mensch in Unzucht oder Ehebruch gefangen ist. Wenn er sündigt, begeht er eine böse Tat. Und jedes Mal, wenn er das tut, sieht ihm jemand in der geistlichen Welt zu. Natürlich sieht zuerst einmal Gott ihn. Aber abgesehen von Gott werden seine Handlungen auch von der Welt der Finsternis gesehen, der Welt, die vom Teufel regiert wird. Sünde und das Böse gehören zu Satans Einflussbereich, sie sind sein Besitz, sein Territorium. Jeder Mensch, der Unzucht oder Ehebruch begeht, entfernt sich aus eigenem freien Willen aus Gottes Einflussbereich und seinem Schutz und ist deshalb nicht mehr länger an einem sicheren Ort. Unzucht beraubt einen Menschen seines geistlichen Schutzes.

Jede Sünde ist ein geistliches Verbrechen. Im geistlichen Reich ist es genauso wie in der physischen Welt; wenn jemand das Gesetz bricht, wird er zu einem Kriminellen. Wenn ein Autofahrer einen Fußgänger anfährt oder jemanden tötet, wird er von der Polizei verfolgt. Sie kann ihn vor Gericht bringen und ihn für das Verbrechen, das er getan hat, verurteilen.

Das Rechtssystem dieser Welt wird ihn für den Schaden bestrafen, den er der anderen Person verursacht hat. Und auf genau dieselbe Weise wird auch kein Verbrechen ungestraft bleiben, das im geistlichen Bereich begangen wurde. So wie es in der physischen Welt Polizisten gibt, die Menschen verhaften, die das Gesetz brechen, so gibt es auch in der geistlichen Welt „Polizisten", die Maßnahmen gegen Menschen ergreifen, die geistliche Gesetze brechen. Die Welt der Finsternis hat ihre eigene Hierarchie, die vom Apostel Paulus in seinem Brief an die Epheser klar dargestellt wird:

Denn unser Kampf ist nicht gegen Fleisch und Blut, sondern gegen die Gewalten, gegen die Mächte, gegen die Weltbeherrscher dieser Finsternis, gegen die geistigen Mächte der Bosheit in der Himmelswelt Epheser 6:12

Sobald irgendein Mensch die Grenze in den Bereich hinein übertritt, der unter dem Einfluss des Teufels ist, inhaftieren die Polizisten, die im geistlichen Bereich aktiv sind, diese Person sofort. Niemand kann sündigen, ohne die Konsequenzen zu tragen. Es gibt keine Sünde, die ungestraft bleiben wird. Es gibt eine angemessene Vergeltung für eine jede Sünde. Du kannst nicht Unzucht treiben oder eine andere böse Tat und damit davonkommen.

Es stimmt, Samson wusste das nicht. Er dachte, dass er unangenehme Folgen aller Art vermeiden könne, wenn alles geheim bliebe. Er war sich sicher, dass niemand von seiner Sünde wusste. Und ganz genauso denken viele Menschen auch heute noch. So wie die Bürger Gazas Samson auflauerten, und das Haus, in dem er war, bereits umstellt hatten, so umkreisen die Mächte der Finsternis jeden Menschen, der sündigt, und warten auf Gelegenheiten, auszuholen und ihn zu zerstören.

Heute gibt es viele Ungläubige und auch einige Christen, die genauso sündigen wie Samson es getan hatte. Beide werden zur leichten Beute für den Teufel, weil sie sich selbst eine Falle stellen. Der Teufel bringt absichtlich Versuchungen in das Leben der Menschen. Er hat einen riesigen Vorrat an Fallen aller Art, in deren Nähe seine Polizisten auf der Lauer liegen, sie beobachten und warten. Sie warten einfach darauf, dass jemand die Grenze überschreitet und zu weit geht. Gott warnt uns vor dieser Gefahr, die uns heimsucht, und rät uns zu ständiger Wachsamkeit.

Seid nüchtern, wacht! Euer Widersacher, der Teufel, geht umher wie ein brüllender Löwe und sucht, wen er verschlingen kann. Dem widersteht standhaft durch den Glauben, da ihr wisst, dass dieselben Leiden sich an eurer Bruderschaft in der Welt vollziehen!
1.Petrus 5:8,9

In der Bibel steht, dass jeder einen Gegner hat, der strategisch vorgeht. Dieser Gegner ist der Teufel. Er hasst uns und möchte uns deshalb verschlingen. Er hält ständig nach Opfern Ausschau, um zuschlagen zu können, und er hat eine große Armee, die ihm dabei behilflich ist. Es ist nicht gut, zu selbstsicher zu sein und zu denken, dass er dich nicht finden wird und du nicht in die Hände des Gegners fallen wirst. Auch Samson hatte genau das gedacht. Millionen Menschen denken heute auf diese Weise, aber wir sollten nicht so sein wie sie! Stelle dir nicht selbst eine Falle! Der Einflussbereich des Teufels ist Sünde und Gesetzlosigkeit. Nur in diesem Bereich ist er erfolgreich und ergreift die Seele eines Menschen. Wenn ein Mensch aber außerhalb dieser Sündenzone ist, dann ist der Teufel machtlos gegen ihn. Der Teufel schafft absichtlich in dir die Vorstellung, dass niemand deine sündigen Schwächen sieht oder kennt. Deshalb solltest du immer bedenken: Nicht nur Gott sieht, was du tust, die Dämonen schlummern ebenfalls nicht. Der Teufel ist ein Lügner, und die Sünde ist ebenfalls trügerisch. Samson wurde einfach getäuscht.

Die drei Täuschungen Samsons

In welcher Weise wurde Samson getäuscht und irregeleitet? Unten sind drei Täuschungen beschrieben, denen diese biblische Gestalt zum Opfer gefallen ist.

Täuschung Nummer Eins.

Der Teufel täuschte Samson, so dass dieser meinte, unsichtbar und unantastbar zu sein. Der Teufel flüsterte ihm ein: „Niemand kann dir schaden. Denke an die Zeit als du auf tausend Feinde trafst, und du sie alle geschlagen hast. Das was du tust ist ganz normal. Es ist nicht so schlimm. Schließlich ist es auch nicht das erste Mal, dass du bei einer Prostituierten warst. Du hast das viele Male zuvor getan, und es ist immer gut gegangen. Diesmal wird es auch gut gehen, alles wird in Ordnung sein." Kommen dir Gedanken dieser Art bekannt vor?

Vielleicht kennst du auch diese Stimme? Glaube dieser Lüge nicht! Tappe nicht in diese Falle! Glaube nicht, dass die Sünde dir nicht schaden kann und dass der Teufel dich nicht antasten kann. Wenn ein Mensch aus freiem Willen entscheidet, Unzucht zu begehen, dann gerät er ins Territorium des Reiches der Finsternis und steht damit völlig unter dessen Macht. Gott wird ihm nicht helfen, weil der Mensch aus freiem Willen gehandelt hat.

Täuschung Nummer Zwei.

Als Samson in der Nacht erwachte nach einem Abend der Unzucht, war er noch immer im Besitz seiner ganzen Kraft. Deshalb war er in der Lage, die Torpfosten der Stadt herauszuziehen, sie auf seine Schultern zu heben und sie oben auf den Hügel vor Hebron zu tragen. Die Schrift berichtet, dass seine Feinde bei genau diesen Toren vor ihm auf der Lauer lagen. Selbst in dieser Situation war Samson in der Lage, seinen Feinden an genau der Stelle, wo sie sich versteckt hatten, zu begegnen. Das war die zweite Täuschung des Teufels: „Du kannst die Situation immer meistern, du hast noch immer deine Kraft, du schaffst es irgendwie... Es wird funktionieren. Du wirst ungeschoren davonkommen." Wieder einmal hatte Samson seine Feinde überwunden durch die Kraft seiner Salbung. Das Problem war jedoch, dass Samson zu überheblich war, was die Salbung Gottes anging. Er glaubte, diese Salbung würde ihn nie verlassen. Er glaubte, diese Salbung sei sein persönlicher Besitz, der ihm gehört. Er vergaß, dass die Salbung, die Gott uns anvertraut, bewahrt und wertgeschätzt werden muss.

Manche Menschen denken genauso: „Als ich letztes Mal gesündigt hatte, hat mich die Salbung nicht verlassen. Seht, ich habe gebetet, und wieder gab es eine Heilung…. Und bei meiner letzten Predigt wurde Gottes Gegenwart genauso stark empfunden wie zuvor. Das bedeutet, dass Gott noch immer an meiner Seite ist! Auch wenn ich der Versuchung nicht standgehalten habe, so wird er mich nie verlassen". Natürlich sind gemäß dem Römerbrief, Kapitel 11, Vers 29 die Gaben und die Berufung Gottes unwiderruflich. Wenn Gott einem Menschen irgendein Geschenk oder irgendeine Berufung gibt, wird er ihm dieses nicht wieder wegnehmen. Gott ist kein Mensch, der lügen kann. Aber der Mensch selbst kann die Gaben verlieren, die Gott ihm gegeben hat, wenn er in ständiger Sünde lebt. Deswegen erleben wir manchmal, dass Menschen, die Jesus als ihren Herrn und Erlöser angenommen haben, in die Gemeinde gehen und in neuen Zungen reden, nach einer Weile vom Glauben abfallen. Sie gehen in die Welt zurück und beginnen wieder zu sündigen. Wenn du aber mit ihnen betest, können sie auch in diesem Zustand noch immer in Zungen beten, weil die Gaben Gottes unwiderruflich sind. Lasst uns nun einen weiteren Teil des Römerbriefes lesen:

Was sollen wir nun sagen? Sollten wir in der Sünde verharren, damit die Gnade zunehme?

Auf keinen Fall! Wir, die wir der Sünde gestorben sind, wie werden wir noch in ihr leben? Römer 6:1,2

Obwohl die Gaben und die Berufung unwiderruflich sind, verliert der Mensch, der in ständiger Sünde lebt, die Gnade Gottes. Sie hat nicht länger irgendwelche Auswirkungen auf sein

Leben. Wenn ein Mensch aufrichtig Buße tut über seine Sünde und damit aufhört, wird die Gnade wieder für ihn fließen. Aber der Mensch, der an der Sünde festhält, verliert diese Gnade nach und nach völlig.

Und so geschah es auch im Leben Samsons. Als er zum ersten Mal in Unzucht verfiel, geschah nichts. Sogar in Gaza ging alles gut, als er sündigte. Niemand erwischte ihn. So ließ er sich immer mehr täuschen. Noch immer in der Sünde verharrend, verliebte sich Samson in eine andere Frau namens Delilah, wodurch ihn schließlich die Gnade Gottes verließ. Während dieser Zeit bemerkte er nichts davon, er glaubte, noch immer seine ganze frühere Kraft zu haben.

Täuschung Nummer Drei.

Samsons dritte Täuschung war seine Gewissheit, dass die Gnade Gottes ihm immer gleichbleibend sicher sein würde. Aber tatsächlich war es anders. In dem Moment, als ihn Gottes Gnade verließ, verließ ihn auch seine Kraft. Samson wurde voll und ganz der Macht der Teufels übergeben, der ihn nicht nur geistlich, sondern auch physisch blendete. Dieses Mal verließ der Herr Samson tatsächlich. Wenn du Gnade erfährst, dann spürst du das, wenn sie dich aber verlässt, dann spürst oder merkst du es nicht sofort. Zunächst glaubst du, dass alles noch immer in Ordnung sei. Und genau da liegt das Problem. Wenn

der Herr kommt, dann wird er von Zeichen und Wundern begleitet. Aber Gott bewahre, dass er dich jemals verlassen sollte! Die Gaben? Ja, diese sind unwiderrufbar. Die Berufung? Ja, auch diese ist unwiderrufbar. Aber wenn der Herr selbst einen Menschen verlässt, dann bleibt dieser Mensch ohne jeglichen Schutz zurück und fällt in die Schlingen des Teufels.

Versuche immer, Gott nahe zu sein. Versuche immer, seine ständige Gegenwart zu spüren. Vermeide jegliche Versuchung und denke daran, dass Unzucht und Ehebruch eine Falle sind, die sich der Mensch selbst stellt. Falle nicht hinein!

Fliehe den jugendlichen Begierden

Die Gefahr der Unzucht im Hinterkopf, schrieb der Apostel Paulus den zukünftigen Generationen und warnte sie vor dieser realen Gefahr:

Wenn nun jemand sich von diesen reinigt, wird er ein Gefäß zur Ehre sein, geheiligt, nützlich dem Hausherrn, zu jedem guten Werk bereitet.

Die jugendlichen Begierden aber fliehe, strebe aber nach Gerechtigkeit, Glauben, Liebe, Frieden mit denen, die den Herrn aus reinem Herzen anrufen! 2.Timotheus 2:21,22

Obwohl diese Schriftstelle nur an einen jungen Mann gerichtet war, richtet sich das Wort Gottes an alle Menschen, egal welchen Alters. Mit jugendlichen Begierden meint Gott jede Art von Verliebtheit oder Schwärmerei, die aus dem Verlangen des Fleisches entspringt. Das trifft im allgemeinen auf das Leben junger Leute zu. Allerdings sind viele reife Erwachsene auch nicht viel anders als leichtsinnige Jugendliche. Sie verhalten sich noch immer genauso wie diese.

In dem Brief an Timotheus spricht Gott eigentlich jeden einzelnen von uns an.

Nur indem wir den jugendlichen Begierden entfliehen, kann ein Mensch dem Herrn gefallen und zu einem reinen und geheiligten Gefäß werden. Jeder Christ weiß, dass die gegenwärtige Welt vom Teufel regiert wird. Bevor wir zu Jesus Christus kamen, lebte ein jeder von uns in dieser schmutzigen Welt voller Lust und Perversionen:

in denen ihr einst wandeltet gemäß dem Zeitlauf dieser Welt, gemäß dem Fürsten der Macht der Luft, des Geistes, der jetzt in den Söhnen des Ungehorsams wirkt.

Unter diesen hatten auch wir einst alle unseren Verkehr in den Begierden unseres Fleisches, indem wir den Willen des Fleisches und der Gedanken taten und von Natur Kinder des Zorns waren wie auch die anderen. Epheser 2:2,3

Ein berühmter Sozialwissenschaftler nannte diese gegenwärtige Welt eine „barbarische sexuelle Wildnis", in der Menschen ziellos umherwandern und nicht wissen, wohin sie gehen und keinen Ausweg sehen.

Sklaven der fleischlichen Lust

Gott ist nicht gegen sexuelle Beziehungen. Aber sein Plan ist nur auf der Grundlage zu verstehen, dass es intime Beziehungen zwischen Mann und Frau nur innerhalb des Schutzraumes der Ehe geben sollte. Nur dann kann ein Segen darauf liegen, weil Sex nur im Rahmen der Ehe legitim ist. Diese Welt aber, die voll ist von der unverbindlichen, sogenannten freien Liebe, setzt Freiheit von jeder Art Ehebund voraus. Diese Illusion der Freiheit macht die Menschen in Wirklichkeit süchtig und völlig abhängig von ihrem sexuellen Verlangen, so dass sie verwundbar werden für die Pläne und Absichten des Teufels. Auf diese Weise hält der Teufel einen solchen Menschen im seinem Einflussbereich.

Sexuelle Abhängigkeit, wozu auch Unzucht und Ehebruch gehören, ist keinen Deut besser als Drogen oder Alkoholabhängigkeit. In jedem Fall werden Menschen von ihrem Verlangen beherrscht, ihren Gefühlen und Empfindungen. Sie sind wie Sklaven, die die Wünsche ihres Herrn ausführen. Obwohl sie vielleicht versuchen, sich selbst zu rechtfertigen, wissen sie doch immer tief in ihrem Inneren, dass das, was sie tun, schlecht ist.

Obwohl Sex ein normales menschliches Bedürfnis ist, wird es außerhalb der Ehe zu Missbrauch. Der größere Teil der Menschheit denkt nicht über den wirklichen Sinn sexueller Beziehungen nach, und so missbrauchen sie diese weiterhin unbeirrt. Auch wenn sie eine Beziehung, die zu einer Belastung geworden ist und sie gebunden hält, abbrechen wollen, sind sie unfähig zu widerstehen. Sie sind zu Sklaven geworden, zu Gefangenen ihrer eigenen physischen Bedürfnisse.

Gott bezeichnet sexuelle Beziehungen außerhalb der Ehe als jugendliche Begierden. Die Lust wird in unserem Fleisch empfangen, welches auch unser Verlangen gebiert.

Es gibt Menschen, die nach dem Drängen des Fleisches leben, die sich ständig ihren Lüsten unterordnen. Man kann sehr geistlich und eifrig sein, aber gleichzeitig wird man einen Zug in sich verborgen finden, den Gott jugendliche Begierde nennt. Aber warum wird diese Lust als jugendlich bezeichnet? Wenn ein junger Heranwachsender in einem jugendlichen Alter ist, ist es besonders schwer für ihn, das Fleisch zu beherrschen. Er hat noch nicht gelernt, seinem Verlangen zu widerstehen, so dass sein Fleisch ihn noch kontrollieren und beherrschen kann. Wir alle, egal wie alt wir sind, haben Bereiche in unserem Leben, die von unserem Fleisch beherrscht werden. Wir dürfen uns jedoch unserem Fleisch nicht unterordnen. Wir sind nicht dazu verpflichtet, uns vom Verlangen des Fleisches beherrschen zu lassen.

Es ist kein Geheimnis, dass sogar Verheiratete, auch wenn sie sich als Christen betrachten und regelmäßig in die Kirche gehen, sexuell abhängig sein können. Sie mögen keinen offenen Ehebruch begehen, aber dennoch gebunden sein durch sexuelle Gedanken und Lüste. Sie werden von Filmen mit Sexszenen und Pornomagazinen angezogen. Wenn sie die Gelegenheit haben, sich außerhalb ihrer Familie zu entspannen, beginnen sie, innerlich zu brennen, und in ihrem Fleisch entstehen Gedanken aller Art. So kommt es zu flüchtigen Sexbeziehungen. Warum? Weil diese Menschen in Wirklichkeit nicht frei sind.

Es gibt junge Männer und Mädchen in der Gemeinde, die wirklich für Jesus brennen. Sie beten laut in der Gemeinde und gehen zu nächtlichen Gebetstreffen. Aber dennoch besuchen sie auch andere Brüder und Schwestern spät in der Nacht. Der Sinn ihrer Gemeinschaft offenbart eine heimliche Sucht nach Unzucht, die zunächst gar nicht bemerkt wurde.

Zwei Quellen des „Brennens"

Die Schrift warnt uns vor der Gefahr, die unverheiratete Menschen befällt:

Wenn sie sich aber nicht enthalten können, so sollen sie heiraten, denn es ist besser, zu heiraten, als vor Verlangen zu brennen.

1.Korinther 7:9

Was bedeutet das Wort „brennen"? Es bedeutet ein intensives sexuelles Verlangen, bei dem die Lust eines Menschen in ihm „brennt". Gott ist gegen ein solches Brennen. Er rät einem Mann, eine Frau nicht einmal anzufassen, wenn dabei falsche Emotionen und Empfindungen aufkommen. Es gibt zwei Ursachen für das Brennen.

Die **erste Ursache** sind unsere eigenen Gedanken.

Ihr habt gehört, dass gesagt ist: Du sollst nicht ehebrechen.

Ich aber sage euch, dass jeder, der eine Frau ansieht, sie zu begehren, schon Ehebruch mit ihr begangen hat in seinem Herzen.

Wenn aber dein rechtes Auge dir Anlass zur Sünde gibt, so reiß es aus und wirf es von dir! Denn es ist dir besser, dass eins deiner Glieder umkommt und nicht dein ganzer Leib in die Hölle geworfen wird.

Und wenn deine rechte Hand dir Anlass zur Sünde gibt, so hau sie ab und wirf sie von dir! Denn es ist dir besser, dass eins deiner Glieder umkommt und nicht dein ganzer Leib in die Hölle geworfen wird. Matthäus 5:27-30

Jesus spricht hier von einem leidenschaftlichen Verlangen, über jugendliche Begierden, die in unserem Bewusstsein und in unserer Vorstellung ausgelöst werden. Ein Mensch stellt sich dabei vor, eine sexuelle Beziehung zum anderen Geschlecht zu haben. Obwohl in Wirklichkeit gar nichts passiert, kann die Phantasie unreine Bilder erzeugen. Dieser Mensch sieht sich selbst vielleicht bei schockierend perversen Akten. Jesus sagt uns, dass ein solch leidenschaftliches Verlangen sündhaft ist, genauso wie auch Unzucht und Ehebruch. Solche Menschen beruhigen sich, indem sie diese Gedanken Versuchungen nennen. Aber in Wirklichkeit täuschen sie sich selbst. Auch Jesus wurde in jedem Bereich versucht, aber er ist niemals gefallen und hat auch niemals gesündigt. Leidenschaftliches Verlangen oder Lust sind ein Akt des Ehebruchs, der zunächst in Gedanken begangen wird und später dann auch in der Realität. Die Lust erzeugt einen Strudel an Emotionen, die nach einer Art Ventil suchen. Lust führt oft zu Selbstbefriedigung. Ein Mensch ist gezwungen, sich in die Selbstbefriedigung zu flüchten, weil er einen Weg sucht, um emotionale und sinnliche Spannung abzubauen. Später belastet ihn diese Option dann mit Schuldgefühlen, was seine Vermutung bestärkt, dass das, was er getan hat, Sünde ist. Die christliche Literatur versucht, solche empfindlichen Themen zu meiden, deshalb sinken viele Christen, die sich nicht trauen, Sünden dieser Art ihrem Pastor oder Seelsorger anzuvertrauen, immer tiefer in sexuelle Sünde. Mit der Zeit geraten sie in völlige Gebundenheit. Viele Christen haben so furchtbar viele Fehler gemacht, weil sie die Wahrheit ignoriert haben! Preis sei Gott, dass uns das Blut Jesu reinwaschen und uns die Chance zu einem Neuanfang geben kann.

Die **zweite Ursache** für das Brennen ist das Flirten. Flirten heißt, mit den Gefühlen eines anderen zu spielen, was heute zu einem weit verbreiteten Phänomen der heutigen Welt geworden ist. Leider begegnet es uns auch in der Gemeinde. Flirten führt immer zum Brennen. Es ist angenehm, Komplimente zu bekommen und Zeichen der Anerkennung, mit der oberflächlichen Zusage, immer in der reinen Liebe Jesu Christi zu bleiben. Wenn aber diese in Christi Liebe gemachten Beteuerungen die Gefühle des anderen aufwallen lassen, dann werden diese Gefühle früher oder später zu einem Mittel werden, mit dem man diesen Menschen emotional manipulieren kann. Ein Mensch, der flirtet, hat keine ernsthaften Absichten. Er spielt einfach nur mit den Emotionen des anderen. Die Folgen des Flirtens sind traurig, weil die Auswirkungen Enttäuschung und Einsamkeit mit sich bringen. Die Bibel sagt, wehe dem Menschen, durch welchen Ärgernis kommt. Flirten, das als eine Art harmloses Vergnügen erscheint, hilft dem Teufel, Menschen einzufangen. Der Mensch, der dieses tut, glaubt frei zu sein, aber in Wirklichkeit steht er schon lange unter der Macht des Teufels.

Bei einem Flirt ist die Aufmerksamkeit nicht nur auf eine Person gerichtet, sondern gleichzeitig auf mehrere. In der Welt glauben manche Menschen, dass ein solches Verhalten sehr clever sei, während es andere einfach nur als Krankheit oder unschuldige Schwäche ansehen. Viele Vertreter des schönen Geschlechts mögen es, den Männern schöne Augen zu machen. Sie sehen darin nichts Verkehrtes. Es ist ihnen nicht bewusst, dass sie für jemand anderen zu einer Versuchung werden könnten. Manche Mädchen tanzen absichtlich vor jungen Männern, damit die jungen Männer ihre guten Figuren sehen können und sie auf diese Weise Aufmerksamkeit erlangen. Aber all das sind nur Taktiken des Teufels. Ein Mensch, der flirtet, wird von einem Geist beherrscht.

Weil ich mir dessen bewusst war, musste ich einige Schwestern unserer Gemeinde davon abhalten, nach vorne aufs Podium zu kommen. Mir war aufgefallen, dass sie nur dann nach vorne kommen, um Zeugnis zu geben, wenn sie eine neue Bluse oder ein enges Kleid, das ihre weiblichen Formen betont, trugen. Sie hatten keine Ahnung, dass sie von einem unreinen Geist beherrscht wurden, sie dachten nur daran, wie gut sie aussahen.

Flirten ist ein sehr gefährliches Spiel. Unzucht und Ehebruch beginnen oft mit einem harmlosen Flirt. Es ist gefährlich, weil es nicht ernst erscheint, aber in vielen Fällen Reaktionen hervorruft. Sehr schnell beginnt der eine den anderen als potentiellen Partner zu sehen. Der Teufel bringt den betreffenden Menschen dazu, die positiven Aspekte der Beziehung zu sehen, und verbirgt dabei die wahren Absichten und den wesentlichen Charakter seines oder ihres Verehrers. Manche Christen halten das Flirten sogar irrtümlicherweise für das Wirken des Heiligen Geistes.

Nun möchte ich offen und insbesondere zu den jungen Frauen sprechen, die oft dazu neigen, sehr naiv zu sein: „Bevor der Bruder, der dir Aufmerksamkeit schenkt oder Zuneigung zeigt, auf dich zukommt und dir einen eindeutigen Antrag macht, dir offen seine Liebe gesteht und dir erklärt, warum er sicher ist, dass es Gottes Wille sei, dich zu heiraten, verschwende deine Zeit nicht an ihn, denke nicht einmal an ihn... Quäle dich nicht damit, deine Zukunft mit ihm zu planen. Du bist vielleicht nur zu einem Opfer des Flirtens geworden..."

Beende die Gemeinschaft mit den Leuten, die vom Geist des Flirtens beherrscht werden. Vertraue deiner Intuition nicht und lass dich in deinem Leben nicht von ihr leiten. Lass dich immer vom Heiligen Geist und vom Wort Gottes leiten.

Denn so viele durch den Geist Gottes geleitet werden, die sind Söhne Gottes. Römer 8,14

Christen müssen vom Geist Gottes und nicht von ihrer Intuition geleitet werden. Du darfst deiner Intuition nicht erlauben, dich zu kontrollieren. Du kannst ihr gebieten zu schweigen. Wenn du sentimentale Reden hörst, renne einfach so weit du kannst davon. Lasse dich nicht manipulieren. Orientiere dich nicht an der Welt, wo Menschen sich außerhalb der Ehe gegenseitig ausprobieren, um zu sehen, wie gut sie zusammen passen. Sie versuchen, in einer höchst schamlosen Weise zusammenzuleben, und demzufolge leiden sie ihr ganzes Leben.

Flirten bedeutet nicht nur, mit den Gefühlen des anderen zu spielen; es bedeutet auch, die Würde der anderen Person zu verletzen. Wegen der Konsequenzen des Flirtens können einige Menschen nachts nicht schlafen, andere werden depressiv und wieder andere nehmen sich sogar das Leben.

Wie oft merken wir gar nicht, dass vielleicht sogar ein normaler Gruß oder ein freundlicher Handschlag von einigen als Wunsch nach einer intimen Beziehung interpretiert werden kann. Viele Menschen müssen lernen, ihre Wünsche nicht mit der Wirklichkeit zu verwechseln, und etwas, das ein reiner Ausdruck der Freundschaft ist, nicht als den Wunsch nach einem gemeinsamen Leben zu deuten. So lange ein junger Mann einem Mädchen nicht offen einen Heiratsantrag macht, muss man davon ausgehen, dass er diese Absicht nicht hat. Es wäre gut, wenn einige der jungen Frauen ihre rosaroten Brillen abnehmen und lernen würden, ihr Leben realistischer zu betrachten. Sie brauchen ganz dringend Gottes Weisheit in diesen Dingen und die Führung des Heiligen Geistes, damit sie davor bewahrt bleiben, Fehler zu machen, die ihr ganzes Leben beeinflussen könnten.

Wenn du beide Ursachen des Brennens vermeidest: leidenschaftliches Verlangen durch Gedanken oder das Flirten, dann gibst du dir eine realistische Chance, dich von den jugendlichen Begierden distanzieren zu können und zu einem wertvollen Gefäß zu werden, wie unser Herr es braucht. Die einzigen Gefäße, die er für jedes Werk gebraucht, sind jene Gefäße, die geheiligt und mit Wahrheit, Glaube, Liebe und Friede gefüllt sind.

Goldene Wahrheiten

1. Die Sünde der Unzucht hindert einen Menschen daran, Gottes Segen zu genießen.
2. Unzucht ist eine Falle, die sich ein Mensch selbst stellt.
3. Unzucht beraubt einem Menschen seinen geistlichen Schutz.
4. Es wird keine Sünde geben, die ungesühnt bleibt.
5. Wenn sich ein Mensch außerhalb der sündigen Zone befindet, ist der Teufel machtlos gegen ihn.
6. Intime Beziehungen stehen nur unter Gottes Segen, wenn Mann und Frau verheiratet sind.
7. Sex außerhalb der Ehe ist Missbrauch.
8. Es gibt zwei Ursachen für das „Brennen": leidenschaftliches Verlangen, das durch unsere Gedanken entsteht, und das Flirten.
9. Lust und Flirten sind gefährlich, weil sie am Anfang nicht so wahrgenommen werden.

Kapitel 4

Die Macht über die Gedanken ist der Sieg über das Fleisch

Das Leben eines Menschen wird von seinen Gedanken bestimmt

In einem der früheren Kapitel haben wir schon erwähnt, dass die Sünde der Unzucht und des Ehebruchs ihren Ursprung in unseren Gedanken hat. Unser ganzes Leben ist von unseren Gedanken abhängig. Der Zustand, in dem sich ein jeder von uns heute befindet, ist als Folge unserer Gedanken eingetreten. Die Informationen, die wir durch unsere Gedanken empfangen, bestimmen unsere Stimmung, unsere Gefühle, unsere Emotionen und als Folge davon auch unsere Handlungen. Die Atmosphäre um uns herum ist voll von Informationen, die wir mit unseren physischen Augen nicht sehen können, aber wir nehmen sie deutlich wahr, wenn wir das Radio oder den Fernseher einschalten, wenn wir Zeitungen, Zeitschriften oder Bücher lesen. Die Welt ist voller negativer Informationen, die wie eine massive Lawine gegen die Menschen entfesselt werden. Der Mensch ist nicht stark genug, um all dies alleine abzuwehren. Der menschliche Geist wird ständig bombardiert mit finsteren, düsteren Informationen, was zu Depressionen und sogar in die Zerstörung führen kann.

Die Welt und die Informationen, die sie aussendet, ist völlig negativ und ohne Freude. Durch solche Informationen wird oft versucht, Menschen in eine Welt der intimen Beziehungen zu locken, die von echter Liebe weit entfernt sind. Wenn ein Mensch systematisch mit diesen Informationen gefüttert wird, beginnt er, von ihnen abhängig zu werden und sich völlig auf sie zu verlassen.

Er richtet sein Leben darauf aus. Auf diese Weise beginnen die negativen Informationen, die über die Gedanken in einen Menschen eindringen, ihn zu beherrschen. Dann ist der Mensch nicht mehr länger selbst der Herr über sein Leben, sondern diese Informationen sind es.

Auch euch hat er auferweckt, die ihr tot wart in euren Vergehungen und Sünden,

in denen ihr einst wandeltet gemäß dem Zeitlauf dieser Welt, gemäß dem Fürsten der Macht der Luft, des Geistes, der jetzt in den Söhnen des Ungehorsams wirkt.

Unter diesen hatten auch wir einst alle unseren Verkehr in den Begierden unseres Fleisches, indem wir den Willen des Fleisches und der Gedanken taten und von Natur Kinder des Zorns waren wie auch die anderen. Epheser 2:1-3

Das Leben eines Menschen wird von seinen Gedanken bestimmt. Wenn negative Informationen in einem Menschen Fuß fassen, dann leitet das direkt in die Sünde. Durch die Informationen, die er durch das, was der hört oder sieht, empfängt, wie z. B. zu freier Liebe, wilder Ehe usw. wird seine Haltung zum Thema Sex geprägt. Seine Gedanken bestimmen seine sexuellen Gefühle und demzufolge auch sein Verhalten.

Viele Menschen merken, wenn sie versucht werden, und entscheiden sich natürlich, sich nicht noch einmal so zu verhalten. Aber ihre Gedanken ziehen sie herunter, und wieder fallen sie in Unzucht. Diese Menschen wissen nicht, wie sie ihren Gedanken widerstehen können. Manche Menschen hassen sich selbst dafür, während andere in einen Zustand der Depression geraten und nicht wissen, wie sie von diesen zwanghaften Gedanken frei werden können.

Ein Mensch ist in Wahrheit so, wie seine Gedanken sind. Wenn er von sexuellen Gedanken überwältigt wird, wird er Unzucht und andere sexuelle Sünden nicht vermeiden können. Diese Gedanken werden in seinem Leben bald zur Realität werden.

Wie gelingt es Satan, Menschen zu kontrollieren, ohne dass ihnen das auch nur bewusst ist? Warum merken die Menschen dieser Welt nicht, dass sie sich nicht so verhalten wie sie sich gern verhalten würden? Warum können sie ihr Handeln nicht kontrollieren? Warum sind sie nicht in der Lage, Unzucht zu widerstehen, wenn sie doch wissen, dass diese ihr Leben zerstört?

Menschen, die in der Welt leben, leben gemäß den Geboten des Teufels, der immer mehr Kontrolle über ihr Leben ausübt, und das durch ihr eigenes Fleisch und ihre eigenen Gedanken.

Unzucht und Ehebruch sind das Ergebnis der Gedanken, die das Handeln eines Menschen beherrschen. Deshalb wird der Geist des Menschen als Schlachtfeld bezeichnet. Genau dort wird das Schicksal eines Menschen bestimmt und auch die Handlungen und die Einstellung eines Menschen anderen gegenüber. Durch die Gedanken und Gefühle der Menschen herrscht der Teufel über sie.

Lasst und genauer auf den Mechanismus dieser Art von Kontrolle eingehen. Warum sündigen Menschen? Die Bibel gibt die Antwort: Weil sie ihren fleischlichen Lüsten entsprechend leben und das tun, was sie wollen. Warum begehen Menschen Unzucht und Ehebruch? Weil sie es wollen. Aber woher kommt dieses Wollen? Wo nimmt es seinen Anfang? Satan flößt es in das Bewusstsein der Menschen ein, und dieses Wollen beginnt zu einer Achse zu werden, um die sich alle Gedanken drehen. Wenn sich dieser Teufelskreis nicht durchbrechen lässt, bleibt dem Menschen nur noch eines übrig: das zu erfüllen, wozu er sich in seinen Gedanken bereits entschieden hat. Gedanken finden den Weg ins Herz eines Menschen und werden automatisch in Handlungen umgewandelt, die dann in seinem Leben sichtbar werden. Mit anderen Worten: Wenn ein Mensch Gedanken hegt, die vom Verstand ins Herz gehen, dringen sie auch in seinen Geist ein und werden zu einem Teil von ihm. So arbeitet Satan: Vom Verstand ins Herz.

Wie kann Gott den Zugang zu einem Menschen finden? Er spricht zum Herzen, aber fängt mit dem Geist an. Gott ist Geist und er kommuniziert mit dem Geist des Menschen. Wenn dann der menschliche Geist Informationen von Gott empfängt, speichert er sie in seinem Verstand ab. Im Römerbrief heißt es:

Denn mit dem Herzen wird geglaubt zur Gerechtigkeit, und mit dem Mund wird bekannt zum Heil. Römer 10:10

Die Aufgabe der Gemeinde ist es, den Menschen beizubringen, nicht von dem abhängig zu sein, was sie sehen, hören und fühlen, sondern im Glauben zu leben. *Wer glaubt wird niemals zuschanden werden.* (1. Petrus 2:6)

Der Geist eines christlichen Gläubigen ist rein. Gott hat ihn im Moment der Wiedergeburt erneuert. Demzufolge wird er nicht länger von satanischen Informationen belastet. Das ist alles ausgelöscht worden. Deshalb werden Gottes Kinder von Informationen geleitet, die ihren Ursprung in Gott haben, mit denen der Heilige Geist ihr Herz füllt, während sie sich vom Wort Gottes erfüllen lassen.

Wenn ein Mensch Informationen von Gott empfängt, wird er ständig über Reinheit und Heiligung nachdenken, und kurz darauf wird sich diese Heiligung im Leben des Menschen zeigen. Wenn ein Mensch Gott kennenlernt, wird sein Leben immer mehr von Heiligung erfüllt. Sein Leben wird total umgewandelt werden, und Gottesfurcht wird zu seiner Lebensform werden.

Wenn Menschen danach streben, Gott kennenzulernen, werden ihre Gedanken beginnen, ein gerechtes Leben in ihnen zu schaffen, was wiederum zu Erfolg, Wohlstand und Glück führt. Menschen, die Gott nicht dienen und nach weltlichen Gewohnheiten leben, erfüllen in Wirklichkeit den Willen des Fürsten der Macht der Luft. Und das geschieht durch die Gedanken ihres eigenen Verstandes, die sie dann in Unzucht und Ehebruch leiten.

Natürlich kann man vieles vermeiden und vielem widerstehen. Aber selbst wenn du in ein Kloster eintreten würdest, kann dich das nicht vor Versuchungen schützen. Ein Mensch kann seine Seele und seinen Leib nicht am Eingang des Klosters zurücklassen. Und du wirst dort sein, wo deine Seele und dein Geist sind, weil deine Gedanken und Gefühle dort sein werden, wo deine Seele und dein Geist sind.

Die Nichtigkeit des Sinnes

Wie schon zuvor erwähnt, verschlechtern negative Informationen unsere Denkfähigkeiten, verdunkeln unser Verstehen und versetzen uns in einen Zustand der Nichtigkeit des Sinnes. Unsere Gedanken springen gern von einer Sache zur nächsten, so wie ein Reiter. Das hinterlässt in unserem Unterbewusstsein Bilder, die ihren Weg in unser Bewusstsein finden können. Die Fähigkeit des menschlichen Verstandes, Gedanken auf unbewusster Ebene zu speichern, wie in einer Box, um sie später wieder zu nutzen, wird weitreichend ausgeschöpft bei der Cinematografie und bei der Werbung. Wir werden in diesem Buch später noch einmal darauf eingehen. Was ich aber versuche zu sagen ist, dass es verborgene Gedanken gibt, die bereits von unserem Verstand empfangen worden sind. Der Teufel übersät unseren Verstand absichtlich mit großen Informationsmengen, um uns der Möglichkeit zu berauben, diese Gedanken umgehend zu analysieren und auszusieben. Er weiß, dass die Folgen unvermeidbar sind, wenn ein Gedanke erst einmal in uns empfangen worden ist. Vergehen und Versuchungen werden mit der Zeit folgen.

Der Teufel wird uns oft versuchen. Er möchte, dass wir weiter sündigen. Die Welt um uns herum wird uns über unsere Gedanken und Gefühle, die wir nicht immer zu kontrollieren vermögen, angreifen.

Die Nichtigkeit des Sinnes ist etwas Reales, aber in der Welt sind sich die Menschen dessen nicht bewusst. Der durchschnittliche Mensch auf der Straße kommt nicht darauf, dass sein Denken verdunkelt wurde und der Sinnlosigkeit unterliegt. Er sagt einfach nur: „Ich lebe so wie jeder andere auch". „Ich lebe nicht schlechter als andere". „Ich habe niemanden umgebracht." „Ich habe niemanden ausgeraubt." usw.

Aber das an sich ist schon ein Anzeichen für die Nichtigkeit des Sinnes: „Ich lebe wie jeder andere auch." Das bedeutet, dass ich so lebe, wie mein Denken es mir diktiert, und nicht wie Gottes Wort es sagt, nicht so wie der Herr möchte, dass wir leben.

Der Ungläubige ist überzeugt, Herr seines eigenen Lebens zu sein. „Gott muss nicht in mein Leben eingreifen. Ich lebe mein Leben, und Gott lebt seins", denkt er. Aber tatsächlich lebt dieser Mensch so, wie es ihm der Teufel befiehlt, und wenn er sein Leben nicht ändert, wird er für immer unter der Macht des Prinzen der Finsternis stehen.

Menschen der Welt sind „in ihrem Verstand verfinstert", und deshalb beschreibt die Bibel ihr Leben auf folgende Weise:

sie, die abgestumpft sind, haben sich selbst der Ausschweifung hingegeben, zum Ausüben jeder Unreinheit mit Gier. Epheser 4:19

Für diese Menschen ist die Sünde zu einem normalen Lebensstil geworden. Bevor ich zum Glauben kam, hatte ich so wie viele andere auch gedacht, Sex außerhalb der Ehe sei normal. Die Nichtigkeit des Sinnes hatte mich verblendet und die Wahrheit vor mir verborgen, so wie sie auch heute Millionen von Menschen verblendet.

Aus dem, was wir bisher gesagt haben, ergibt sich nun die Frage: Ist es denn dann möglich, Versuchungen zu überwinden und zu lernen, unsere Gedanken und Gefühle zu beherrschen? Genau das ist so wichtig! Warum? Weil Gedanken und Gefühle, wie ihr bereits wisst, Handlungen hervorbringen. Sündhafte

Gedanken und Gefühle bringen sündige Handlungen hervor. Im Epheserbrief heißt es:

> *Dies nun sage und bezeuge ich im Herrn, dass ihr nicht mehr wandeln sollt, wie auch die Nationen wandeln, in Nichtigkeit ihres Sinnes;*
>
> *sie sind verfinstert am Verstand, entfremdet dem Leben Gottes wegen der Unwissenheit, die in ihnen ist, wegen der Verstockung ihres Herzens;*
>
> *sie, die abgestumpft sind, haben sich selbst der Ausschweifung hingegeben, zum Ausüben jeder Unreinheit mit Gier.*

Epheser 4:17-19

Gott ruft uns auf, nicht mehr so zu leben wie wir früher gelebt hatten. In der Welt begeht jeder sündige Taten, aber jetzt haben wir unseren Glauben in Jesus Christus gesetzt, weshalb wir nicht mehr so leben sollten wie früher. Wir können jetzt ein neues Leben haben, frei von Sünde jeder Art, auch der Sünde der Unzucht. Wir gehören nicht mehr zum Reich der Finsternis. Wir sind die Kinder Gottes. „ein königliches Priestertum, eine heilige Nation, sein auserwähltes Geschlecht." (1. Petrus 2:9), damit wir die Herrlichkeit unseres Herrn verkünden können. Wir sind nicht dazu verpflichtet, so zu wandeln wie die übrigen Heiden es tun, in der Nichtigkeit des Sinnes.

Christen haben den Vorteil, dass sie sich der Sündigkeit eines Lebens ohne Gott bewusst sind. Wenn sie dann die Wahrheit erfahren, sind sie fähig, nicht mehr zu wandeln wie es die übrigen Heiden tun. Sie haben die Freiheit in Jesus Christus empfangen, sie haben jetzt die Gesinnung Christi.

Jesus Christus kann unser Denken und Verstehen verändern, indem er unsere sündigen Gedanken durch seine eigenen reinen und weisen Gedanken ersetzt. Nur so kann man der sexuellen Unmoral entfliehen. Er schenkt uns Weisheit, einen gesunden Verstand und Verstehen anstatt der Nichtigkeit des Sinnes und dem verfinsterten Verstand.

Um negative Informationen abwenden und so der Nichtigkeit des Sinnes entfliehen zu können, hat uns Gott die Bibel gegeben.

Wenn wir die Bibel lesen, führt uns das in die Gegenwart Gottes. Sein Wort ist in der Lage, uns zu stärken und unser Denken zu erneuern, weil das Wort im wesentlichen Geist und Leben ist (Johannes 6:3). Das Wort Gottes durchdringt einen Menschen mit Leben und erfüllt ihn mit Freude. Das Wort Gottes bringt die Freiheit von Sünde in unser Leben, auch von Unzucht und Ehebruch.

Sieg über sündige Gedanken

Wenn du dein eigenes Ich beherrschen möchtest, musst du zunächst einmal deine Gedanken überwinden und lernen, sie zu kontrollieren. Ich möchte nun mit dir, lieber Leser, über einige Dinge reden, die sehr intim sind. Aber wenn ich diese nicht anschneide, werden einige von euch nicht sexuell frei werden können.

In letzter Zeit kamen verschiedene Leute, vor allem Frauen, zu mir in die Seelsorge. Es war mir klar, dass sie sexuelle Probleme hatten, obwohl sie sich dessen selbst nicht bewusst waren. Während der Gespräche mit ihnen empfing ich lebhafte Bilder von Menschen, die durch Qual und Leiden gingen, was sie zu verbergen versuchten. Es war ihnen peinlich, über so etwas mit einem christlichen Pastor zu sprechen. Weil sich viele Menschen nicht öffnen mögen, um Hilfe anzunehmen, wird der Unzucht und dem Ehebruch in all seinen verschiedenen Formen Raum gegeben, um zu wachsen und zu gedeihen.

Ich möchte dir zwei Geschichten erzählen. Ein Mann beschwerte sich, dass ihn seine Frau nicht verstand, weil sie sich keine pornographischen Bilder und Magazine mit ihm zusammen ansehen wollte, die er seiner Meinung nach brauchte, um mit dem Sex beginnen zu können. Für ihn war diese Verweigerung seiner Frau ein Zeichen ihrer mangelnden Liebe. Es gab noch einen anderen Fall, der noch heftiger war. Dieser Mann war nicht damit zufrieden, sich pornographische Bilder anzusehen. Er zwang seine Frau, ihn zu masturbieren, was sie dann auch tat, um ihn nicht zu verlieren. Aber bald darauf konnte ihn auch das nicht mehr befriedigen, so ging er noch weiter: Er schaffte sich eine Videokamera an und filmte alles, was zwischen ihm und seiner Frau im Bett geschah, und tauschte die Videokassetten dann mit Freunden am Arbeitsplatz aus. Er selbst bereitete sich Vergnügen, indem er sich die Kassetten anderer ansah.

Ich möchte nicht noch mehr über diese schmutzigen sexuellen Beziehungen erzählen, wozu auch Oral- und Analsex und jede andere Art von Perversion gehören. Aber hier haben wir ein ernsthaftes Problem – Menschen, die von Lüsten und Verlangen besessen und unersättlich sind. Lust befriedigt für eine Weile, um aber die Befriedigung aufrechtzuerhalten, muss man sich neue Varianten überlegen. Was ist denn dann der Unterschied zwischen Lust und Liebe? Liebe ist der Wunsch, Glück weiterzugeben, der Wunsch jemand anderen zu befriedigen, der Wunsch, das was man hat, mit jemandem zu teilen, aber Leidenschaft und Lust wollen immer nur nehmen, sie wollen ausnutzen, sie wollen sich selbst befriedigen.

Die Personen, von denen ich eben erzählt hatte, und andere, die sich ähnlich verhalten, können sogar damit angeben, dass sie weder Unzucht noch Ehebruch begehen. In Wahrheit sind sie aber der Macht der Teufels unterworfen und das schon lange. Wir sprechen nicht über diese Art Probleme, weil wir die Menschen verurteilen wollen, sondern um ihnen und anderen zu helfen, einen Ausweg zu finden, um von dieser Gebundenheit an die Sünde frei werden zu können. All das aber beginnt mit den Gedanken. Wenn du deine Gedanken kontrollieren kannst, dann hast du schon 80 % des Sieges über die Sünde erlangt.

Der Teufel treibt einen Menschen dazu, zu sündigen. Er gibt ihm eine unvorstellbar große Menge an negativen Informationen, die Gedanken der Lust in ihm erzeugen. Dann jedoch verdammen sie ihn, indem sie Schuldgefühle hervorrufen, die einen Menschen manchmal sogar in den Selbstmord treiben. So lange der Teufel die Gedanken eines Menschen nicht erobern kann, wird der Mensch niemals von ihm überwältigt werden. Der Mensch macht sich allerdings schuldig, indem er nicht wirklich versucht, diesen Gedanken und der Quelle, aus der sie entspringen, zu entfliehen.

Wenn ein Gedanke in einem Menschen erst einmal aufgekeimt ist, wird der Mensch nicht mehr vor ihm davonlaufen können. Wir müssen Gedanken loswerden, bevor sie aufzukeimen beginnen.

Manche Christen sehen sich erotische Filme an und setzen sich dabei der Versuchung aus. Sie glauben, geistlich stark genug zu sein, um der Versuchung widerstehen zu können. Aber die Kette der Sünde hält die Menschen im Griff: Zuerst sehen und hören wir etwas, oder wir berühren etwas, und dann werden bestimmte Gedanken in unserem Inneren empfangen, die demzufolge Handlungen gebären. Wenn wir also frei sein wollen, müssen wir den Quellen entfliehen, die diese Gedanken erzeugen. Jeder von uns muss für sich selbst herausfinden, was diese Quellen sind. Was erregt sexuelle Gedanken in dir und stimuliert deine Gefühle? Du musst diese Gedanken überwinden und deren Quelle selbst zerstören.

Die große Hure, über die wir im Vorwort sprachen, ist dabei, eine gewaltige Offensive auf weltweiter Ebene zu beginnen. Statistiken zeigen, dass jeder Mann in den USA mindestens eine Million Mal im Jahr zweideutige sexuelle Informationen empfängt durch die verschiedene Werbung in den Massenmedien.

Das ist nichts weiter als Unzuchtspropaganda, welche die Welt am Fließband erzeugt. Wir müssen die Unzucht unmittelbar an ihrer Quelle bekämpfen. Sobald Gedanken empfangen wurden und sich eingenistet haben, ist ein Mensch nicht mehr in der Lage, sich zu beherrschen, auch wenn er es wirklich möchte. Gott hat uns Sex und sexuelles Verlangen gegeben, es ist normal, aber er gab uns auch Autorität über dieses Verlangen, damit wir es kontrollieren können. Wenn wir das nicht tun, dann wird das Verlangen uns beherrschen, was bedeutet, dass wir zu dessen Sklaven werden.

Die ganze Welt ist darauf ausgerichtet, Menschen in die Sünde zu ziehen. Deshalb ist es nicht verwunderlich, dass sündhafte Gedanken uns manchmal überkommen. Wir müssen ihnen jedoch widerstehen.

Sündhafte Gedanken werden zu ungesundem Verlangen, das außer Kontrolle gerät. Sie verwandeln sich in Lust, und auf die Lust folgt Versuchung, welche zur Sünde führt, und Sünde führt zum Tod. Selbstdisziplin ist das beste Mittel, das wir haben, um die Kette der Sünde zu durchbrechen. Jede Sünde und jede Lust beginnt damit, dass ein Mensch bestimmten Gedanken und Wünschen, die ihn überkommen, nicht widerstehen will. Wir müssen lernen, unsere Gedanken zu disziplinieren. Deshalb heißt es:

Danach, wenn die Begierde empfangen hat, bringt sie Sünde hervor; die Sünde aber, wenn sie vollendet ist, gebiert den Tod.
Irret euch nicht, meine geliebten Brüder! Jakobus: 1:15,16

Lass dich nicht täuschen. Wenn ein Gedanke der Lust in dir aufkommt, und er dich nicht abstößt und du ihm Raum gibst, dann sitzt du in der Falle. Lass dich nicht täuschen. Er wird immer mehr Raum einnehmen und dich am Ende in Unmoral stürzen. Eine Sünde zieht die zweite nach sich, dann eine dritte und eine vierte... Wie schon gesagt, die Sünde ist unersättlich. Allmählich, ohne es zu merken, wirst du feststellen, dass du zu ihrem Sklaven geworden bist. Die Schrift sagt, dass ein lüsternes Verlangen, nachdem es empfangen hat, die Sünde gebiert. Das bedeutet, dass Sünde nicht sofort da ist. Sie wird empfangen, während sich die Gedanken bilden. Wir sollten nicht die Gelegenheit verpassen, solche Gedanken hier und da von uns zu weisen. Bevor ein Mensch in Sünde verfällt, öffnet er sich für einen sündhaften Gedanken. Aber wenn er Gedanken dieser Art von sich weist, bringt er sie unter seine Füße.

Unser Problem ist, dass wir versuchen, auf gedanklicher Ebene mit unseren Gedanken zu kämpfen. Manche Menschen denken zum Beispiel: „Oh nein. Ich will so nicht denken, ich weigere mich." Aber eine Sekunde oder zwei später, haben sie wieder dieselben Gedanken. Gedanken existieren auf einer bestimmten geistlichen Ebene, also müssen wir uns, um sie zu überwinden, auf eine höhere Ebene begeben. Und die Dimension, die höher als die Gedanken ist, ist das Wort. Das Wort Gottes muss zu deiner Medizin werden und du musst sie regelmäßig einnehmen, mehrere Male am Tag. Das Wort muss außerdem laut ausgesprochen werden. Anstatt den Versuchungen auf gedanklicher Ebene zu widerstehen, begib dich auf die Ebene des Wortes, welches der gedanklichen Ebene, auf der sich die Versuchung befindet, überlegen ist.

Mein Sohn, auf meine Worte achte, meinen Reden neige dein Ohr zu!

Lass sie nicht aus deinen Augen weichen, bewahre sie im Innern deines Herzens!

Denn Leben sind sie denen, die sie finden, und Heilung für ihr ganzes Fleisch. -

Mehr als alles, was man sonst bewahrt, behüte dein Herz! Denn in ihm entspringt die Quelle4 des Lebens.

Lass weichen von dir die Falschheit des Mundes und die Verdrehtheit der Lippen entferne von dir! Sprüche 4:20-24

Wenn wir das Wort einnehmen wie ein Antibiotikum und darüber nachsinnen, füllen wir unsere Gedanken mit der Wunder wirkenden, Energie spendenden Kraft des Herrn. Diese Kraft ist in der Lage, die negativen Informationen der Welt abzuwehren, die den Weg zu Prüfungen und Versuchungen bahnen. Das Wort Gottes zerstört diese negativen Viren, die ihren Weg in unser Denken finden. Es ist so schade, dass viele Christen nicht ernsthaft über den heilenden Charakter der Bibel nachdenken, denn das führt dazu, dass sie nicht in vollem Umfang davon profitieren können. Durch Gottes Wort – wenn wir es immer wieder laut aussprechen - sind wir in der Lage, jede Art von falschen Gedanken, die uns in den Sinn kommen, zu überwinden. Auf diese Weise hindern wir sie daran, zur Sünde der Unmoral zu werden. Das Wort ist wie eine starke, feste Mauer zwischen uns und Gedanken aller Art, die uns befallen und ablenken können.

Unsere Gedanken empfangen Informationen durch das, was wir sehen, hören und fühlen. Die Quelle dieser Informationen bestimmt, welche Art von Konsequenzen folgt, nachdem wir sie empfangen und ihnen Raum gegeben haben.

Außer der Unzucht folgt auch geistliche Krankheit, die deshalb auch mit geistlicher Medizin geheilt werden muss, dem Wort Gottes. Das Wort ist die mächtigste Waffe gegen alle negativen Informationen, die unsere Gedanken angreifen.

Das beste Mittel, um die pervertierten Gedanken zu überwinden, ist es, das Wort Gottes auszusprechen, welches den Gedanken auslöscht.

Gottes Wort laut auszusprechen wehrt die Gedanken ab, die durch negative Informationen gesät wurden, und macht es ihnen unmöglich, Wurzeln zu schlagen. Speichere die positive Information des Wortes Gottes in deinem Herzen und deinem Verstand, wehre alle Informationen ab, die vom Teufel kommen, und widerstehe ihnen. Jeder von uns ist das Produkt der Informationen, mit denen wir uns selbst ein Leben lang gefüttert haben. Aber das Wort Gottes kann uns reinigen von allen unnötigen und schädlichen Informationen, die wir in unserem Bewusstsein und Unterbewusstsein mit uns herumtragen, denn die Kraft des Wortes Gottes ist mächtiger als die Kraft unserer Gedanken. Das Wort Gottes ist das beste Mittel, das wir in unserem Kampf gegen sexuelle Sünden anwenden können. Sogar Jesus Christus gebrauchte das Wort Gottes, um die teuflischen Versuchungen zu überwinden, die seine Gedanken durchdrangen, indem er jedes Mal antwortete: „Es steht geschrieben…"

Es gibt etwas, das auf einer noch höheren Ebene liegt als das Aussprechen des Wortes Gottes. Und das ist das Ausrufen in Vollmacht oder mit anderen Worten, das Wort Gottes auszurufen.

Wenn ich z. B. leise spreche und ein anderer brüllt, dann wird der Schrei des anderen meine Stimme übertönen. Du kannst den Gedanken, der dich quält, überwinden, indem du das Wort energisch aussprichst.

In unseren Gedanken empfängt die Lust Sünde. Also müssen wir genau in diesem Stadium, dem Stadium des Empfangens, diese Sünde abwenden und zerstören, indem wir sie einfach zurückweisen. Du musst deine Gedanken gefangen nehmen.

Wir können sie gefangen nehmen im Namen Jesus. Er ist unser Gott. Er ist der Herr unseres Lebens. Wir können ihn deshalb auch zum Herrn über unsere Gedanken machen. Nur das, was heilig, rein und edel ist bringt Segen. Nur an solche Dinge sollten wir denken.

Übrigens, Brüder, alles, was wahr, alles, was ehrbar, alles, was gerecht, alles, was rein, alles, was liebenswert, alles, was wohllautend ist, wenn es irgendeine Tugend und wenn es irgendein Lob gibt, das erwägt! Philipper 4:8

Wenn wir unsere Gedanken bewusst auf das lenken, was rein ist, wird der Teufel niemals in der Lage sein, uns in die Falle der

Pornographie oder sexueller Perversion zu locken. Wir werden vor den Lügen und Versuchungen des Teufels geschützt sein. Unser Verstand leitet uns in ähnlicher Weise wie es beim Fernsehen geschieht. Das, was du dir im Fernsehen ansiehst in dem von dir gewählten Programm, ist das, was du später auch in deinem eigenen Leben sehen wirst. Wenn du dir ständig Sendungen ansiehst, die von schlechten Menschen produziert wurden, wie z. B. Pornographie, erotische Filme oder ähnliches, dann wird früher oder später die Pornographie dein Leben beherrschen. Wenn du gottgefällige Programme auswählst, wie Anbetung, Predigten, christliche Bücher und ähnliches, dann wirst du Erfolg, Freude und Wohlstand in deinem Leben sehen. Das, womit du deine Gedanken füllst, bestimmt deine zukünftigen Lebensbedingungen.

Niemand kann irgendetwas tun, um die Gedanken daran zu hindern, aufzutauchen. Jeden Tag nimmt unser Bewusstsein und Unterbewusstsein eine große Menge an Informationen auf. Und auch ein scheinbar unbedeutender, unbemerkter Gedanke, der auf Anhieb recht harmlos erscheint, kann mit der Zeit in uns zu seiner vollen Größe heranwachsen. Aber wir dürfen nicht zulassen, dass ein solcher Gedanke in uns empfangen wird und sich weiterentwickelt. Wir dürfen ihm nicht erlauben zu wachsen. Wir müssen eine solche Schwangerschaft abbrechen. Gedanken sind wie Samen. Sie werden sehr wahrscheinlich eine Ernte erbringen. Es hängt von uns ab, was für eine Ernte das sein wird.

Wie kannst du die Sünde in dem Moment, in dem sie empfangen wird, besiegen?

denn die Waffen unseres Kampfes sind nicht fleischlich, sondern mächtig für Gott zur Zerstörung von Festungen; so zerstören wir überspitzte Gedankengebäude

und jede Höhe, die sich gegen die Erkenntnis Gottes erhebt, und nehmen jeden Gedanken gefangen unter den Gehorsam Christi und sind bereit, allen Ungehorsam zu strafen, wenn euer Gehorsam erfüllt sein wird. 2.Korinther 10:4-6

Wenn wir auf gut durchdachte Gedankengänge zurückgreifen können, haben wir eine Waffe, mit der wir die Argumente des Gegners abwehren können. Wenn einem Menschen Gedanken dieser Art kommen, dann versuchen sie, diesen zu dominieren und in Besitz zu nehmen. Aber jeder Mensch hat die Fähigkeit, sündhafte Gedankenfolgen zurückzuweisen. Du musst z. B. sagen: „Im Namen Jesus, weise ich alle Gedanken an Unzucht zurück". Ich möchte dich noch einmal daran erinnern, dass du immer dann, wenn dir sündige Gedanken kommen, die dich in Versuchung führen könnten, das Wort nehmen und es laut aussprechen musst.

Wenn wir in der Gemeinde sind, dann sind wir wach und aufmerksam. Während dieser Zeit sind wir stark. Aber es gibt andere Zeiten, in denen unsere Kraft nachlässt. Der Teufel wartet auf diese Momente, in denen wir schlaff werden.

Warum greifen sexuelle Unsittlichkeiten die Menschen vor allem dann an, wenn sie zu Bett gehen? Es ist deshalb so, weil es eine Zeit der Ruhe ist, in der der Teufel unsere Gedanken durchkämmt und auf ihnen herumpickt. Das führt dazu, dass uns lüsternes Verlangen überkommt mit Gedanken an Masturbation und sexuelle Perversion.

Aber wir können diesen Gedanken widerstehen, wenn wir unser Leben bis zum Rand mit dem Wort Gottes füllen, uns CD's und Predigten anhören, uns Videofilme über die Heldentaten berühmter Männer Gottes ansehen, christliche Literatur lesen und Gemeinschaft mit gefestigten reifen Christen haben. Wir müssen uns selbst und unser Leben mit Gott füllen, dann kann uns kein Gedanke ablenken, und erst recht wird uns keine sexuelle Sünde überwinden können.

Mehr als alles, was man sonst bewahrt, behüte dein Herz! Denn in ihm entspringt die Quelle des Lebens. Sprüche 4:23

Du ahnst gar nicht, wie kostbar diese Worte sind! Wir sollten unsere Herzen füttern und sie mit Gottes Gedanken und Worten ernähren. Wir sollen über alles, das in uns hineinfließt, die Kontrolle haben. Kommt es vom Heiligen Geist oder ist es etwas, das wir in der Welt aufgeschnappt haben? Wenn unsere Augen und Ohren mit den Informationen Gottes gefüttert werden, werden wir die Gedanken, die uns der Teufel schickt, leicht entlarven können. Wir müssen sehr sorgsam über unser Herz wachen, mit unserer ganzen Kraft und Mühe. Es ist wichtiger, unser Herz zu schützen als jeden Wohlstand oder Schatz.

Investiere in Gott, in christliche Bücher oder CD's und nicht nur in materiellen Wohlstand, das wird dir helfen, dein Herz rein zu halten.

Sexuelle Sünden greifen einen großen Bereich unserer heutigen Gesellschaft an. Aber wir als Christen können frei von alldem sein. Wir haben das Wort Gottes, welches die Autorität hat, jeden sündigen sexuellen Gedanken abzuwehren. Wir haben die Kraft des Heiligen Geistes, um Gedankenfolgen abzuwenden, die Lust in uns erzeugen. Wir haben die Weisheit Gottes, um Gedanken, die in unserem Geist empfangen werden, rechtzeitig entlarven zu können. Wir haben die Gnade Gottes, die uns von allen sexuellen Sünden freisetzen kann. Aber wir müssen diese Sünden hassen. Wenn wir diesen Sünden liberal gegenüberstehen oder sie zu leicht nehmen, bringt das unsere Brüder und Schwestern in Christus, die keinen Ausweg aus ihrem Teufelkreis „…Gedanken – Verlangen – Handeln – Schuld – Gedanken…" sehen, dazu, sich von Gott abzuwenden. Wir müssen die Werke der Hure Babylons aufdecken und ihr Gewand anheben, damit wir alle Teil der reinen Braut Christi werden können.

Die Gefühle kontrollieren

Gefühle werden erzeugt, wenn Gedanken entstehen. Deshalb müssen wir lernen, die Gedanken, die in unserem Verstand auftauchen, zu prüfen und zu sortieren. Grundsätzlich sind Gefühle die Sprache des Fleisches, wir sollen allerdings nicht nach dem Fleisch leben, sondern gemäß dem Geist. Unsere Sprache ist der Heilige Geist.

Jeder Mensch muss lernen, seine Gefühle zu überwinden. Wenn jemand von Unzucht und anderen sexuellen Sünden befreit werden möchte, dann muss er lernen, Sünde zu überwinden. Er muss die Gefühle, die von seinen Gedanken erzeugt werden, kontrollieren, damit er immer wie ein wahrer Christ leben kann. Dann wird er gesunde Gedanken haben und einen gesunden Körper und sich rein halten, als Teil des Leibes Christi und als Tempel Gottes.

Ich möchte dich noch einmal daran erinnern, dass Frauen mit den Ohren lieben, Männer hingegen mit den Augen. Wir sehen daran, dass Frauen eine Hörschwäche und Männer eine Sehschwäche haben. Wenn deine Ohren deine Schwäche sind, dann rate ich dir, mehr Predigten anzuhören und die Psalmen laut zu lesen.

Männer, ich rate euch, beginnt damit, auf eure Augen zu achten. Achtet darauf, was ihr euch anseht! Du solltest wissen, welche Dinge sündige emotionale Reaktionen in dir hervorrufen. Kontrolliere dich und versuche, deine Defizite auszugleichen. Es ist besser, bestimmte Filme nicht länger anzuschauen, wenn du weißt, dass der Teufel auf diese Weise mit deinen Gefühlen spielen kann.

Gott hat dich bereits von der Nichtigkeit des Sinnes befreit. Aber der Teufel versucht, mit Dingen, die wir sehen und hören, in unseren Geist einzudringen, weil er weiß, dass unser Geist ein Feld ist, auf dem alles wachsen kann.

Als Journalist weiß ich, dass Menschen, die Dokumentarfilme oder Spielfilme machen, ständig mit den Gefühlen des Zuschauers spielen, denn die Gefühle der Menschen sind stärker als ihr Wille es ist. Menschen, die eine solche Schwäche haben, wollen aufhören, aber sie sind selbst nicht dazu in der Lage. Ein Zuschauer ist z. B. nicht in der Lage, den Fernseher auszuschalten, weil ihn Szenen, in denen Schauspieler beginnen, sich ausziehen, zwanghaft anziehen. Und Gedanken aller Art beginnen dann, in seinem Geist zu brodeln. Die Helden in diesen Filmen schaffen es, sich nur zur Hälfte auszuziehen, und dann wechselt das Bild zu etwas anderem, das keine sexuelle Szene zeigt. Aber der Zuschauer ist bereits dazu gebracht worden, diese Szene zu betrachten. Er schaltet dann seinen inneren Monitor ein und fühlt sich gezwungen, sich die Szene, die im Film nur zur Hälfte gezeigt wurde, bis zum Ende auszumalen. Ich hoffe, dieses Beispiel hat dir gezeigt, worin die Gefahr bei Filmen dieser Art liegt. Ein Mensch möchte sündigen Gedanken entfliehen, kann es aber nicht, weil sein „innerer Monitor" eingeschaltet wird. Filmproduzenten verdienen sich ihren Lebensunterhalt, indem sie mit den Emotionen und Gefühlen anderer spielen, indem sie ihnen Versuchungen in den Weg stellen und sie dazu bringen, zu sündigen. Ein Mensch empfängt ständig irgendwelche Informationen, die Gedanken in seinem Geist erzeugen. Aber Gedanken sind noch keine Gefühle.

Jemand kann den Gedanken haben, Selbstmord zu begehen, aber er hat noch keinen Selbstmord begangen. Wenn er aber darüber nachdenkt, sich Gedanken macht, wie er es tun kann, dann wird dadurch ein Gefühl erzeugt. Wenn ein Mensch in diesem Stadium aber mit dem Gedanken richtig umgeht, bevor dieser Gefühle geboren hat, wird er in der Lage sein, den

Gedanken gefangen zu nehmen, ihn abzuwehren und seine Gefühle zu kontrollieren.

Wir haben bereits erwähnt, wie bereits ein Informationsfetzen Gedanken gebären kann, die wiederum Gefühle gebären, die Gefühle dann wiederum eine Haltung oder eine Handlung.

Du sagst vielleicht, dass dies nicht unbedingt der Fall sein muss. Ja, das stimmt. Ein Mensch kann dieses Gefühl abwenden und nicht weiterverfolgen, aber dennoch wird ihm dieses Gefühl Schaden zufügen. Deshalb ist es besser, solchen Gefühlen, die Handlungen hervorrufen, gar nicht erst zu erlauben, so viel Raum einzunehmen. Eine Handlung kann dazu führen, dass Unbehagen, Schuld, Enttäuschung, Niedergeschlagenheit und Depression folgen.

Du weißt bereits, dass die Gedanken eines Menschen manchmal stärker sind als sein Wille. Bedenke, dass der Wille automatisch geschwächt wird, wenn man zu viel über seine Gefühle nachdenkt.

Ich werde dir nun erzählen, wie du den Sieg über deine Gefühle erlangen kannst. Lasst uns in die Bibel schauen:

Und der HERR sprach: Siehe, ein Volk sind sie, und eine Sprache haben sie alle, und dies ist erst der Anfang ihres Tuns. Jetzt wird ihnen nichts unmöglich sein, was sie zu tun ersinnen.

1.Mose 11:6

Das ist Teil der Geschichte über den Turmbau zu Babel. Die Menschen wollten Gott erreichen, damit sie wie Gott sein können. Bemerke dass Gott sagte, dass ihnen nichts unmöglich sein würde, was sie zu tun ersinnen. Es waren ihre sündigen Gedanken, die sie zu falschem Handeln leiteten, und Gott wusste daraufhin, dass sie nicht mehr aufzuhalten waren. Wenn also Informationen bereits in dein Denken gelangt sind, wie kannst du dann mit den Gedanken kämpfen, die sich anschließend in Verlangen und Gefühle verwandeln?

Zunächst einmal musst du einen solchen Gedanken stoppen. Du musst ihn verdrängen und nicht darüber nachsinnen! Wenn ein Mensch weiterhin über einen bestimmten Gedanken nachgrübelt, bedeutet es, dass dieser bereits starke Gefühle in ihm hervorgerufen hat. Und wenn bereits ein Gefühl da ist, wird es immer irgendeine Art von Handlung auslösen. Auch wenn der Mensch nicht die Möglichkeit hat, sein Gefühl in eine Handlung umzuwandeln, wird er beginnen, nach einer solchen Möglichkeit Ausschau zu halten.

Du musst für dich selbst entscheiden: Was für eine Information wirst du sofort zurückweisen? Und worüber wirst du dir erlauben, nachzugrübeln?

Die Bibel sagt:

Seht nun genau zu, wie ihr wandelt, nicht als Unweise, sondern als Weise! Epheser 5:15

Wenn irgendetwas es wert ist, dass Christen hier auf der Erde darüber nachgrübeln, dann ist es das Wort Gottes. Es macht keinen Sinn, auch nur eine Sekunde über das, was in den Radio- oder Fernsehshows gesagt oder in der Zeitung geschrieben wurde, nachzugrübeln. Trenne dich von allen Informationen dieser Art!

Wenn dir falsche Gedanken kommen, Gedanken, die negative Informationen beinhalten, dann werden diese deinen Verstand zu kontrollieren beginnen. Negative Gedanken kommen niemals von Gott. Gott drückt die Menschen niemals nieder. Sein Verlangen ist es, uns aufzurichten und zu ermutigen. Er weiß, dass ein Mensch, der mit negativen Informationen gefüttert wird, nicht erfolgreich sein kann und daran gehindert werden wird, den Sieg über das Fleisch zu erlangen.

Versuche einmal, deine Gedanken umgehend zu analysieren und ihnen dann den Zugang zu deinem Geist zu versperren, weil sie negative Gefühle hervorrufen können.

Manche Menschen leiden unter Sexsucht. Obwohl so etwas manchmal auch dämonisch sein könnte, ist es für die meisten Gläubigen oft auf einen Mangel an Disziplin zurückzuführen. Um einen Menschen davon zu befreien, muss man keinerlei Dämonen austreiben. Ein solcher Mensch ist nicht besessen. Er ist einfach nur vom Fleisch getrieben.

Sobald ein negativer Gedanke oder eine andere Art negativer Information (z. B. über sexuelle Perversionen) in dir aufkommt, schneide ihn von dir ab und denke stattdessen an das, was Gott dir zu sagen hat. Du musst in diesem Fall nicht für Befreiung von Dämonen beten. Disziplinière dich, diese negativen Gedanken zu stoppen, sobald sie aufkommen, und beginne umgehend damit, an die Sache Gottes zu denken. Lasse nicht zu, dass Gefühle geweckt werden!

Im Epheserbrief steht geschrieben:

dass ihr, was den früheren Lebenswandel angeht, den alten Menschen abgelegt habt, der sich durch die betrügerischen Begierden zugrunde richtet,

dagegen erneuert werdet in dem Geist eurer Gesinnung

und den neuen Menschen angezogen habt, der nach Gott geschaffen ist in wahrhaftiger Gerechtigkeit und Heiligkeit

Epheser 4:22-24

Es ist notwendig, den alten Menschen abzulegen und den neuen Menschen anzuziehen und **„erneuert zu werden im Geist unserer Gesinnung"**. Unser Geist muss durch den Heiligen Geist erneuert werden.

Auf welche Weise können wir das tun? Das sagt uns Gottes Wort dazu:

Das Wort des Christus wohne reichlich in euch... Kolosser 3:16

Lass das Wort Gottes und den Heiligen Geist dein ganzes Denken ausfüllen. Dein Verstand muss mit Gottes Gedanken erfüllt sein. Nur dann wirst du in der Lage sein, deine Gefühle erfolgreich zu beherrschen.

Als du noch Teil der Welt warst, hast du Informationen angesammelt, fast 90 % davon waren unnötiger Ballast. Als du dann zu Gott fandest, wurde dein Geist gerettet und erneuert. Aber dein Verstand war noch immer nicht erneuert worden. Der Verstand muss durch den Heiligen Geist und durch Gottes Wort erneuert werden. So lange dein Verstand nicht erneuert ist, wirst du nicht in der Lage sein, den neuen Menschen vollständig anzuziehen. Ja, du weißt bereits, dass du negative Gedanken, die dir jetzt in den Sinn kommen, stoppen solltest. Aber was wirst du mit den Gedanken machen, die du schon vorher hattest?

Die Bibel sagt uns, dass ein Mensch sein Denken mit dem Wort Gottes füllen muss, nachdem er zu Jesus Christus gefunden hat:

Das Wort des Christus wohne reichlich in euch; in aller Weisheit lehrt und ermahnt euch gegenseitig! Mit Psalmen, Lobliedern und geistlichen Liedern singt Gott in euren Herzen in Gnade!

Kolosser 3:16

Lasse dein Denken reichlich vom Wort Gottes erfüllt sein! Du kannst dein Denken durch Lieder und Psalmen erneuern. Wenn das Wort Gottes reichlich in dir wohnt, dann wird dein Geist zu singen beginnen. Singe zu dir selbst, singt zueinander, und lernt zusammen Hymnen und Psalmen zu singen! Seid nicht zu zurückhaltend in dieser Hinsicht, denn die Bibel sagt:

...in aller Weisheit lehrt und ermahnt euch gegenseitig! Mit Psalmen, Lobliedern und geistlichen Liedern singt Gott in euren Herzen in Gnade!

Und alles, was ihr tut, im Wort oder im Werk, alles tut im Namen des Herrn Jesus, und sagt Gott, dem Vater, Dank durch ihn!

Kolosser 3:16,17

Beginne immer mit Gottes Wort und denke über die Angelegenheiten Gottes nach. Das Wort gebiert Gedanken und diese dann Gefühle. Das Wort Gottes gebiert Gedanken über Gott und die Erkenntnis Gottes, sowie die göttlichen Eigenschaften.

Im Römerbrief 12:1,2 heißt es, dass wir uns nicht dieser Welt anpassen sollen, sondern durch die Erneuerung unseres Geistes verwandelt werden sollen. Wie? Durch das Wort. Wenn das Wort in uns wohnt, werden unsere Gedanken mit Gottes Wort in Einklang sein. Gedanken, die mit Gottes Wort im Einklang sind, gebären die entsprechenden Gefühle und Handlungen.

Was sind deine Gefühle? Für welche Art von Gefühlen bist du anfällig? Gefühle, die Gott die Ehre geben wollen, oder sind das ganz andere Gefühle? Du kannst deinen eigenen Charakter durch deine Gedanken und Gefühle prägen. Wenn du weiterhin unmoralische Gedanken und Gefühle zulässt, dann wirst du schließlich zu einem unmoralischen Menschen werden. Wenn du ein gerechter, gottesfürchtiger Mensch sein willst, dann müssen auch deine Gedanken und Gefühle gottesfürchtig sein. Sie müssen Gott die Ehre geben. Es ist schwierig, sich vorzustellen, wie ein Mensch, der von morgens bis abends arbeitet und nicht betet und in der Bibel liest, Gott verherrlichen kann. Wie soll er gute Gedanken denken? Wie können seine Gefühle rein sein? Ich möchte dich noch einmal daran erinnern, dass negative Gedanken oder Vorstellungen welcher Art auch immer, die in deinem Denken kreisen, gestoppt und abgewehrt werden müssen, weil sie sonst Gefühle gebären werden.

denn die Waffen unseres Kampfes sind nicht fleischlich, sondern mächtig für Gott zur Zerstörung von Festungen; so zerstören wir überspitzte Gedankengebäude

und jede Höhe, die sich gegen die Erkenntnis Gottes erhebt, und nehmen jeden Gedanken gefangen unter den Gehorsam Christi

2.Korinther 10:4,5

Nimm sündige Gedanken gefangen und weise sie ab! Für diese Aufgabe haben wir eine mächtige Waffe, die wir gebrauchen können: Den Namen des Herrn Jesus Christus. Die Bibel sagt, dass wir nicht zur Unreinheit berufen sind, sondern zur Rechtschaffenheit: Dumme Gedanken sollten in uns keinen Platz haben, ebenso wenig sollten unreine Gedanken uns in irgendeiner Weise prägen.

Einmal erzählte mir ein Pastor, wie er beinahe in Unzucht gefallen sei:

„Ich fuhr einmal in meinem Auto und sah ein schönes Mädchen am Straßenrand stehen. Ich dachte, es sei keine schlechte Idee, einem so netten Mädchen einen Dienst zu erweisen. So entschied ich mich, anzuhalten und sie mitzunehmen." Als sie in sein Auto einstieg, begann das Mädchen, ihn in Versuchung zu führen, und beinahe wäre er in Sünde gefallen. Gott sei Dank, dass er rechtzeitig zur Vernunft kam. Er musste Buße tun, weil er seine Gedanken nicht kontrolliert hatte.

Wenn du deine Gefühle kontrollieren willst, musst du zunächst einmal deine Gedanken kontrollieren. Sorge also immer für gesegnete Gedanken, im Namen Jesu.

Kontrolliere deine Gefühle, damit sie immer im Einklang mit Gottes Willen sind. Jesus ist der Herr! Stelle Jesus Christus über jeden Gedanken und jedes Gefühl, das du hast, und stelle das alles unter sein Blut.

Übrigens, Brüder, alles, was wahr, alles, was ehrbar, alles, was gerecht, alles, was rein, alles, was liebenswert, alles, was wohllautend ist, wenn es irgendeine Tugend und wenn es irgendein Lob gibt, das erwägt! Philipper 4:8

Die Bibel lehrt uns, nur an Dinge zu denken, die wahr und tugendhaft sind. Auf diese Weise können wir den Sieg über sündige Gedanken und Gefühle erlangen und lernen, sie zu kontrollieren.

Versuchung überwinden

Dann wurde Jesus von dem Geist in die Wüste hinaufgeführt, um von dem Teufel versucht zu werden;

und als er vierzig Tage und vierzig Nächte gefastet hatte, hungerte ihn schließlich.

Und der Versucher trat zu ihm hin und sprach: Wenn du Gottes Sohn bist, so sprich, dass diese Steine Brote werden!

Er aber antwortete und sprach: Es steht geschrieben: "Nicht von Brot allein soll der Mensch leben, sondern von jedem Wort, das durch den Mund Gottes ausgeht." Matthäus 4:1-4

Versuchung ist eine sehr starke Waffe, die Satan gegen die Kinder Gottes verwendet. Der Beweis dafür ist die Versuchung, in die Adam und Eva gerieten, und die zum Sündenfall führte. Jesus war in schwaches, menschliches Fleisch gekleidet und ging durch jede mögliche Versuchung. Als Mensch nutzte er nichts von seiner göttlichen Kraft. Er selbst war uns ein Beispiel dafür, dass Menschen der Versuchung widerstehen können, und er lehrte sie, wie sie das tun können. Dort in der Wildnis wurden Jesu Glaube, sein Gehorsam dem Vater gegenüber, sein Vertrauen in Gottes Wort und seine Einstellung zur fleischlichen Lust geprüft.

Wem bist du ähnlich, wenn Versuchungen kommen? Bist du wie Adam oder wie Jesus? Befriedigst du dein Fleisch, bist nicht länger Gottes Ebenbild und fällst? Oder trachtest du zuerst nach dem Reich Gottes und überwindest?

Wenn Satan einen Christen versuchen will, dann schaut er, wo dieser seine menschlichen Schwächen hat. Er findet dann die Schwachstellen am Charakter dieser Person und attackiert sie. Der Teufel versucht, uns das Vertrauen in Gott und sein Wort wegzuschnappen. Er will die Christen dazu bringen, an der Liebe Gottes zu zweifeln. Lass dich nicht auf eine Diskussion mit ihm ein, so wie es Eva getan hat. Reagiere nicht im Fleisch, sondern antworte, wie Jesus es tat – mit dem Wort Gottes, und der Aussage: „Es steht geschrieben.."

Wenn ein Christ mit Gottes Wort bewaffnet ist, dann wird er den Sieg haben, weil es Gottes Kampf ist (1. Samuel 17:47).

Wenn wir das Wort im Glauben aussprechen, dann ermöglichen wir Gott, seine Kraft anzuwenden. Wo auch immer das Wort des Glaubens im Herzen und Mund eines Menschen ist, ist der Sieg.

Jesus gab sich nicht der Versuchung hin, stattdessen befahl er dem Teufel, von ihm zu weichen. (Matthäus 4:10,11).

Beachte, dass Satan Jesus sofort ohne jegliche Diskussion verließ. Auch wir können uns gegen die Versuchung stellen und sie überwinden, wenn wir unser Vertrauen in Gottes Wort setzen und in den Sieg Jesu Christi.

Im Leben eines jeden Christen wird es unweigerlich Versuchungen geben. Das Problem ist jedoch nicht, dass Versuchungen kommen, sondern dass einige Gläubige, wenn sie in Versuchung fallen, nicht wieder aufstehen können. Sie geben sich selbst auf und der Sünde hin und sinken dann immer tiefer in die Sünde hinein.

Warum hört ein Mensch damit auf, nach den Dingen von oben zu trachten und seinen Geist nicht auf diese auszurichten? Warum lebt er im Fleisch und lässt sich nicht mehr vom Heiligen Geist leiten, sondern von seinem eigenen Verstand und seinem eigenen Gedanken? Lieber Leser, wenn du dich entschieden hast, den Weg des Glaubens zu gehen, dann halte mit großer Sorgfalt an deiner Errettung fest. Wenn du eine Gefahr der Unzucht oder ähnlicher Sünden wahrnimmst, dann laufe vor ihr davon, denn wenn du als Christ einer solchen Sünde erliegst, wird der Teufel dich noch mehr verhöhnen als vorher. Die Schrift sagt, dass ein Christ, der wieder in seine früheren Sünden zurückfällt und zu seinem früheren Lebenswandel zurückkehrt, in Gottes Augen wie ein Hund sei, der zu seinem eigenen Erbrochenen zurückkehrt.

Lasst uns in die Bibel schauen.

Wacht und betet, damit ihr nicht in Versuchung kommt! Der Geist zwar ist willig, das Fleisch aber schwach. Matthäus 26:41

Jesus lehrt uns, dass wir wachen und beten müssen, damit wir nicht in Versuchung fallen. Satan versucht oft, Christen durch ihre ungläubigen Freunde und Bekannten zu versuchen. Versuche, Abstand zu halten zu ungläubigen Freunden und Kollegen, die für dich eine Quelle der Versuchung sind. Du hast nun einen anderen Herrn als sie. Dein Herr ist Jesus Christus.

Ihr Herr ist der Geist der Schwachheit an himmlischen Orten, der Kontrolle über jeden nicht erretteten Menschen hat. Ihr seid in zwei verschiedenen Teams. Ungläubige wissen nicht, wer sie kontrolliert, und sie haben keine Ahnung, dass sie für dich möglicherweise eine Quelle der Versuchung sein könnten. Aber du weißt es! Suche dir also stattdessen Freunde, in denen derselbe Geist lebt, der auch in dir wohnt.

Satan gebraucht Versuchungen, um Christen davon abzuhalten, den Sieg zu erringen. So lange wir hier auf Erden leben, wird uns unser früherer Herr bis zum Ende bekämpfen. Er versucht auf diese Weise, uns wieder unter seine Kontrolle zu bringen, zurück in das Reich, aus dem Gott uns befreit hat.

Das Endziel einer jeden Versuchung ist es, uns ins Reich der Finsternis zurückzuholen. Deshalb werden die Versuchungen nicht aufhören bis wir im Himmel angekommen sind.

Wache, damit du nicht in Versuchung gerätst. Wache! Wache und bete!

In der Bibel heißt es:

Daher, wer zu stehen meint, sehe zu, dass er nicht falle.

Keine Versuchung hat euch ergriffen als nur eine menschliche; Gott aber ist treu, der nicht zulassen wird, dass ihr über euer Vermögen versucht werdet, sondern mit der Versuchung auch den Ausgang schaffen wird, so dass ihr sie ertragen könnt. 1.Korinther 10:12,13

Es ist wichtig zu verstehen, dass Gott niemals eine Versuchung zulassen wird, die zu groß für dich ist, die über dein Vermögen geht. Das bedeutet, dass du größer als jede Versuchung bist! Je näher wir dem Ende der Welt kommen, desto mehr Christen werden in sexuelle Sünden fallen und sich vom richtigen Weg abwenden. Entscheide dich, nicht zu einem von ihnen zu werden.

Die Bibel sagt, dass der Gerechte sieben Mal fallen möge, der Herr ihn aber wieder aufrichten wird. Wachet und betet:

denn viele sind Berufene, wenige aber Auserwählte (Matthäus 20:16). Diejenigen, die berufen sind, sind du und ich. Lasst uns weiter vorangehen, bis wir die Vollendung unseres Glaubens und unserer Errettung sehen.

Wenn du gerade durch irgendeine Versuchung gehst, denke daran, dass es in deiner Macht steht, den Sieg darüber zu erlangen. Jesus Christus, der uns durch seinen Tod von der Gebundenheit an die Sünde befreit hat, wozu auch Unzucht und Ehebruch gehören, hat uns diesen Sieg gegeben.

Goldene Wahrheiten

1. Gedanken und Gefühle bringen Handlungen hervor. Sündige Gedanken und Gefühle bringen sündige Handlungen hervor.
2. Nur indem wir über Gottes Wort nachsinnen, kann unsere Denkweise verändert werden.
3. Ein Gedanke kann abgewehrt werden, indem man Gedanken des Widerstandes und Worte Gottes laut ausspricht.
4. Wenn ein Mensch ständig über die Reinheit und Heiligkeit Gottes nachdenkt, dann wird sich diese Heiligkeit im Leben dieser Person zu zeigen beginnen.
5. Frauen lieben mit den Ohren, Männer mit den Augen.
6. Wenn wir über etwas lange nachdenken, dann gebiert dieser Gedanke Gefühle.
7. Du kannst deinen Sinn erneuern, indem du ihn mit Gottes Wort füllst.
8. Das Wort Gottes gebiert Gedanken über Gott und über die Erkenntnis Gottes.
9. Versuchung ist eine starke Waffe, die Satan gegen die Kinder Gottes verwendet.
10. Das Endziel jeder Versuchung ist es, einen Menschen in das Reich der Finsternis zurückzuholen.

11. Wenn du dich irgendeiner Versuchung gegenüber siehst, denke daran, dass es in deiner Macht steht, den Sieg darüber zu erlangen.

Kapitel 5
Das Problem der sexuellen Unmoral lösen

In den vorhergehenden Kapiteln sprachen wir über die Sünde der Unzucht oder des Ehebruchs als die Sünde, die in der Welt am meisten verbreitet ist, und die es leider auch unter Christen gibt. Es ist traurig, dass diese Sünde nicht nur Menschen betrifft, die Gott nicht kennen, sondern auch Christen. Wie bedauerlich ist es, zugeben zu müssen, dass diese Sünde sogar unter christlichen Leitern und Pastoren zu finden ist. Einige Männer Gottes, die weltweit bekannt sind, haben Probleme mit dieser Sünde. Immer wieder einmal hören wir von großen Predigern mit vielen tausend Nachfolgern, die in diese Sünde gefallen sind.

Die Sünde der Unzucht ist kein Thema, über das Pastoren offen sprechen. Vielleicht macht genau das den Kampf gegen Unzucht und sexuelle Unmoral so kompliziert. Gott möchte jedoch, dass wir komplett ausgerüstet sind und auch mit dieser Frage umgehen können, damit wir den Versuchungen des Teufels standhalten können.

Sich das Problem eingestehen

Die Bibel spricht oft über sexuelle Unmoral, die auch in der Vergangenheit das Leben vieler Diener Gottes beeinflusste. Wir müssen aus ihren Fehlern lernen, damit wir selbst den Sieg über die Versuchungen erlangen können.

Es ist notwendig, dass wir diese Sünde aktiv bekämpfen und die Gemeinde reinigen, damit sie Jesus Christus als eine gottgefällige Gemeinde präsentiert wird. Die Braut Christi, die im Vorwort beschrieben wird, muss rein und unbefleckt sein. Und dann wird noch mehr von der Herrlichkeit Gottes auf uns kommen, und die Kraft seiner Stärke wird sich durch großartige Wunderwirkungen unter uns offenbaren.

Heute erhöht Gott die Gemeinde in unserem Land. Tausende neuer Menschen wenden sich täglich Jesus Christus zu und kehren um. Es ist eine großartige Zeit der Gnade Gottes. Dennoch müssen wir in dieser Zeit noch wachsamer sein, weil der Teufel tun wird, was er kann, um diese Erweckung „sauer" werden zu lassen. Er versucht immer wieder, Gottes Werk wirkungslos zu machen. Wir dürfen ihm keine Gelegenheit geben, diese voranschreitende Bewegung Gottes auszubremsen. Aber um das tun zu können, müssen wir seine Taktiken und Strategien kennen und überlisten. Die stärkste Waffe, die er hat und einsetzt, um Gottes Diener und Pastoren zu zerstören, ist die Sünde der Unzucht und des Ehebruchs.

Zunächst einmal muss ein Mensch sich selbst überwinden. Ein jeder Pastor oder Leiter, der sich nicht selbst besiegen kann, wird sehr bald zu einer direkten Zielscheibe für den Teufel werden. Bevor wir davon träumen, die ganze Welt zu erobern, müssen wir einen inneren Sieg erringen. Und der erste Schritt auf diesen Sieg hin ist es, sich einzugestehen, dass dieses spezielle Problem existiert.

Viele Menschen meinen irrtümlicherweise, dass Unzucht und Ehebruch Themen und Probleme halbherziger Christen sind, und dass Leiter und Pastoren, die gesalbt und geistlich stärker sind, vor dieser Gefahr irgendwie geschützt seien. Sie glauben, es sei sehr unwahrscheinlich, dass diese gesalbten Männer Gottes irgendwelche Probleme mit der Lust haben. Lasst uns aber schauen, was die Bibel zu diesem Thema zu sagen hat.

An Duft gar köstlich sind deine Salben; ausgegossenes Salböl ist dein Name. Darum lieben dich die Mädchen. Hohelied 1:3

Die Schrift spricht deutlich von denen, die gesalbt sind. Was ist eine Salbe? Es ist ein Bild für das Salböl des Heiligen Geistes. Gott sagt, dass eine größere Salbung den Duft verstärkt. Eine Salbung macht den Prediger oder Leiter bekannt, berühmt und beliebt. Der Name dieses gesalbten Predigers gewinnt großen Respekt. Es gilt als repräsentativ, einem solchen zu begegnen. Aber sieh, zu was es führt: „…. Darum lieben dich die Mädchen." Es ist unmöglich, Gottes Wort zu widersprechen. Eine starke Salbung führt ganz natürlich dazu, dass du die Liebe und Aufmerksamkeit all derer um dich herum auf dich ziehst. Das ist eine grundsätzliche Wahrheit. Wenn dieser gesalbte Mensch ein Mann ist, dann werden junge Mädchen und Frauen beginnen, sich in ihn zu verlieben. Wenn es sich um eine Frau handelt, wird sie ebenfalls nicht der Aufmerksamkeit der Vertreter des stärkeren Geschlechtes entgehen können.

Wenn ein Leiter oder Prediger glaubt, dass dieses Problem nicht auf ihn zutrifft, dann mache ihn darauf aufmerksam, dass er sich bereits in einer sehr verwundbaren Position befindet, in der er leicht angegriffen werden kann. Er steht mehr in der Gefahr, davon betroffen zu werden als irgendjemand sonst. Wenn du einen Prediger, der hier auf Erden für das Reich Gottes Bedeutendes erreicht hat, auf dieses Problem ansprichst, wird er dir höchstwahrscheinlich antworten, dass er mit der Sünde der sexuellen Unmoral zu kämpfen hat.

Diejenigen, die sich auf vergangene Siege verlassen, werden eines Tages vielleicht feststellen, dass sie zu „Leichen" geworden sind. Du kannst den Menschen nicht verbieten, dich zu lieben. Aber natürlich kannst nicht du dich in all diese Leute verlieben. Aber die Tatsache, dass sich die Menschen in dich verlieben, weil deine Salbung sie anzieht, bringt dich in eine heikle Position. Und je gesalbter eine Person ist, desto vorsichtiger muss sie sein. Je mehr Gott sie erhöht, desto stärker will der Teufel sie attackieren.

Werde niemals zu selbstsicher und verlasse dich nicht zu sehr auf dich selbst. Du kannst nur in Gott sicher sein.

Ich hatte einmal einen Traum. Manchmal gibt uns Gott ganz schreckliche Träume, Träume, die uns vor etwas warnen.... In diesem Traum lief ich vor dem Teufel davon, der hinter mir her jagte, um mich zu töten. In seinen Händen hielt er eine Keule, auf der das Wort „Unzucht" geschrieben stand. Ich rannte mit ganzer Kraft vor ihm davon, und es schien, als würde er mich gleich einholen. Es war schrecklich, aber Gott sei Dank konnte mich der Teufel nicht einholen. Obwohl ich schweißgebadet aufwachte, tröstete mich das glückliche Ende des Traumes. Letztendlich war es angenehm, dass der Teufel nicht in der Lage war, mich einzuholen. Gott sagte mir, ich solle den Traum aufschreiben, damit ich später kein Detail von dem, was ich gesehen hatte, auslassen würde. Als ich erwachte, hörte ich eine Stimme vom Himmel. So klar wie eine Glocke hörte ich die Worte dieser Aussage aus dem Lukas-Evangelium: Und der Herr sagte:

„Simon, Simon! Siehe, der Satan hat euer begehrt, euch zu sichten wie den Weizen.

Ich aber habe für dich gebetet, dass dein Glaube nicht aufhöre. Und wenn du einst zurückgekehrt bist, so stärke deine Brüder!"
Lukas 22,31

Ich schrieb alles auf, was ich hörte, und der Heilige Geist fuhr fort: „Der Geist, der dich im Traum verfolgte, ist der Geist der Unzucht, der auf jeden gesalbten Diener angesetzt worden ist, um ihn zu fangen und zu zerstören." Seitdem laufe ich vor dieser Sünde davon. Ich versuche immer, extrem vorsichtig zu sein. Viele Menschen sehen mich in meinem Dienst als eine mächtige Person an. Aber keine Macht, so groß sie auch sei, kann dir helfen, wenn es zur Unzucht kommt. Die einzige Art, sich davor zu retten, ist davonzulaufen. Wenn du schwache Beine hast, dann ist das sehr schlimm.

Manche Prediger glauben, dass je gesalbter sie sind, desto mehr fürchtet sich der Teufel davor, ihnen nahe zu kommen und sie zu versuchen. Bedenke jedoch, dass Jesus, der gesalbter war als alle anderen, versucht wurde, nachdem er gerade 40 Tage lang gefastet hatte. Es war die Zeit, in der er am meisten versucht wurde... Stell dir das einmal vor! Nach 40 Tagen des Fastens! Aber er hasste den Teufel wie er es schon immer getan hatte. Das sollte auch uns die Augen öffnen, meine Freunde! Fasten alleine ist nicht der Weg, um von Unzucht und Ehebruch freizuwerden.

Wir können hieraus schlussfolgern, dass die Salbung keinen Schutz vor Unzucht, Ehebruch oder Lust garantiert. Im Gegenteil, sie zieht die Aufmerksamkeit des anderen Geschlechtes auf sich.

Das zweite Missverständnis, das Christen gewöhnlich in die Irre leitet, ist zu glauben, wer Macht und Autorität hat, habe es leichter, in Zeiten der Versuchung standzuhalten. Dies ist eine Täuschung. Macht, sowie Salbung, macht den Prediger anziehend für Menschen, macht ihn aber nicht immun gegen die Sünde.

Sexuelle Unmoral im Leben großer Männer der Bibel

Die Sünde der Unzucht betraf viele der großen Männer der Bibel. Du erinnerst dich bestimmt an die Geschichte von Samson, den wir bereits in einem anderen Teil dieses Buches erwähnt haben. Gab es jemals jemanden, der stärker oder mächtiger war als er? Dennoch war seine außerordentliche Stärke nicht in der Lage, ihn zu retten. Samson war nicht in der Lage, dem weiblichen Charme zu widerstehen.

> *Und als Delila sah, dass er ihr sein ganzes Herz anvertraut hatte, sandte sie hin und rief die Fürsten der Philister und ließ ihnen sagen: Diesmal kommt herauf, denn er hat mir sein ganzes Herz anvertraut! Da kamen die Fürsten der Philister zu ihr herauf, und in ihrer Hand brachten sie das Geld mit. Und sie ließ ihn auf ihren Knien einschlafen. Dann rief sie den Mann und ließ die sieben*

Haarflechten seines Hauptes abscheren. So begann sie, ihn zu bezwingen, und seine Kraft wich von ihm.

Und sie sagte: Philister über dir, Simson! Da wachte er auf von seinem Schlaf und sagte sich: Ich werde davonkommen, wie es Mal für Mal gelang, und werde mich freischütteln. Er wusste aber nicht, dass der HERR von ihm gewichen war. Richter 16:18-20

Samsons Problem war, dass er sich auf seine eigene Kraft verließ und glaubte, unverwundbar und unbesiegbar zu sein. Das ist eine Selbsttäuschung, die sogar Christen, die einen mächtigen Dienst für Gott haben, oft vom Weg abbringt und verführt.

Sobald Samson seinen Kopf auf Delilahs Knie gelegt hatte, wurde er machtlos. Wenn du mit der Sünde spielst, wenn du damit herumalberst, wenn du dir selbst erlaubst, die Sünde gutzuheißen und ihr liberal gegenüberzustehen, dann wird sie dich höchstwahrscheinlich besiegen. Samson wollte seine Augen nicht disziplinieren, und die Sünde, die ihn dann durch seine Augen überkam, kostete ihm seine Sehkraft. Der Teufel verspottet gern, er macht gern schlechte Witze.

Viele erwarten, dass Weisheit vor den Versuchungen der Unzucht und des Ehebruchs bewahren kann. In diesen letzten Tagen wird die Weisheit Gottes unter den Christen auf erstaunliche Weise immer mehr zunehmen. Gott möchte seine endzeitliche Gemeinde vollständig in die kostbaren Gewänder seiner Weisheit kleiden. Aber selbst wenn wir Macht und Weisheit haben, lassen wir oft locker und kommen in die Verlegenheit, nicht zu wissen, wie wir mit der Lust umgehen sollen. Wir merken nicht einmal, wie diese Sünden beginnen, die Oberhand zu gewinnen und uns unserer Weisheit, Kraft und Salbung zu berauben.

Natürlich weiß ein weiser Mann am Anfang, dass es sich nicht lohnt, der Lust nachzugeben und zu sündigen. Aber auch durch Weisheit bist du nicht davor gefeit, Unzucht oder Ehebruch zu begehen. Weisheit ist kein Gegengift. Weisheit kann einen Menschen nicht immun gegen die Sünde machen. Auch ein weiser Mensch kann in Sünde und schädliche Lust fallen. Und das ist sehr leicht zu beweisen. Wir haben bereits den weisen König Salomo erwähnt. Es gab niemanden, der so weise war wie Salomo, und seine Weisheit hat ihn tatsächlich vor vielen Sünden bewahrt. Aber sie erwies sich als machtlos gegen sexuelle Unmoral. Unzucht ist die heimtückischste aller Sünden. Es ist etwas Enormes, weise zu sein. Aber anstatt die Versuchung von dir fernzuhalten, führt die Weisheit an sich viel mehr dazu, dass dir die Aufmerksamkeit der Menschen zuteil wird, was es noch wahrscheinlicher macht, dass du den Gefahren der Unzucht ausgesetzt sein wirst.

so sind dir Weisheit und Erkenntnis gegeben. Und Reichtum und Güter und auch Ehre will ich dir geben, wie sie die Könige, die vor dir gewesen sind, nicht gehabt haben und wie sie nach dir keiner haben wird. 2.Chronik 1:12

Gott gab Salomo Weisheit und Erkenntnis, so wie sie niemand vor ihm jemals hatte und niemand jemals haben würde. Aber was geschah daraufhin?

Der König Salomo aber liebte viele ausländische Frauen, und zwar neben der Tochter des Pharao moabitische, ammonitische, edomitische, sidonische, hetitische,

von den Nationen, von denen der HERR zu den Söhnen Israel gesagt hatte: Ihr sollt nicht zu ihnen eingehen, und sie sollen nicht zu euch eingehen; fürwahr, sie würden euer Herz ihren Göttern zuneigen! An diesen hing Salomo mit Liebe.

Und er hatte siebenhundert vornehme Frauen und dreihundert Nebenfrauen; und seine Frauen neigten sein Herz.

Und es geschah zur Zeit, als Salomo alt geworden war, da neigten seine Frauen sein Herz anderen Göttern zu. So war sein Herz nicht ungeteilt mit dem HERRN, seinem Gott, wie das Herz seines Vaters David. 1.Könige 11:1-4

In der Bibel steht, dass Salomo trotz der Weisheit, mit der er von Gott so reichlich gesegnet war, feststellte, dass ihn nichts so sehr anzog wie die ausländischen Frauen. Er verliebte sich in sehr viele von ihnen. Glaubst du, dass er Gott während dieser Zeit nicht liebte? Glaubst du, dass er während dieser Zeit keine wichtigen Entscheidungen treffen musste? Trotz seiner großen Weisheit war er nicht in der Lage, der Sünde standzuhalten. Er erwies sich als schwach in der Versuchung.

Lass dich also nicht täuschen! Egal wie weise du auch sein magst, lass dich nicht überrumpeln. Es war gerade Salomos Weisheit, die all diese ausländischen Frauen überhaupt erst angezogen hatte.

Bis zum heutigen Tag gibt es in Äthiopien eine Dynastie der Nachkommen Salomos, die bis auf die Königin von Saba zurückgeht, die in der Bibel erwähnt wird. Diese äthiopische Königin kam, um Salomo zu besuchen und seine großartige Weisheit zu erleben. Und er „ließ diese Gelegenheit nicht ungenutzt". Der Beginn der Dynastie der äthiopischen Königin war Salomo. Der letzte Nachkomme war Haile Selassie. Selbst seine Reichtümer konnten Salomo nicht vor der Unzucht bewahren. Im Gegenteil, Reichtum führt auf verschiedene Weise erst recht zur Unzucht. Er gibt einem Menschen mehr Raum für neue Freiheiten aller Art; er verleitet einen Menschen dazu, alles auszuprobieren. Die Lust steigert sich und drückt sich mit Geld noch mehr aus.

Angesichts dessen, was gerade gesagt wurde, sollten wir nicht glauben, keine Weisheit zu benötigen, nur weil Salomo mit all seiner Weisheit gefallen ist. Wir dürfen nicht sagen, dass wir die Salbung nicht brauchen, weil sie die Menschen um uns herum dazu bringt, uns lieben zu wollen. Nein, das stimmt so nicht!

Wir dürfen nicht aufhören, um mehr Salbung zu beten. Wir dürfen nicht aufhören, Gott um Weisheit zu bitten. Aber während wir das tun, müssen wir uns bewusst sein, dass Gottes Segen nicht automatisch alle Angriffe des Teufels abwendet, der uns mit sexueller Unmoral versuchen will.

Was auch für einen Schutz gegen die Unzucht gehalten wird, ist der Erfolg. Wie kommt man auf so etwas? Nun, es wird gelehrt, dass ein erfolgreicher Mensch keine Zeit hat, um abgelenkt zu werden. Er ist der Kopf und nicht der Schwanz. Er hat keine Zeit für solchen Unsinn. Er steckt bis zum Hals in Arbeit und schafft es dabei kaum, sich über Wasser zu halten.

Je mehr Gott einen Menschen erhöht und je erfolgreicher er wird, desto mehr muss er auf der Hut sein vor dieser Gefahr. Man findet niemanden, der im Leben erfolgreicher war als David, ein Mann nach dem Herzen Gottes, und doch wurde er von diesem starken Geist besiegt. Er hatte einfach vergessen, wie gefährlich dieser war.

Und David erkannte, dass der HERR ihn als König über Israel eingesetzt und dass er sein Königtum wegen seines Volkes Israel erhöht hatte.

Und David nahm noch Nebenfrauen und Frauen aus Jerusalem, nachdem er von Hebron gekommen war; und es wurden David noch mehr Söhne und Töchter geboren. 2.Samuel 5:12,13

Gerade als er am Höhepunkt seines Erfolges angelangt war, zu der Zeit als Gott ihn als König über die große Nation Israel gesetzt hatte, hatte David einen Moment der Schwachheit. Es war die Zeit der Kriege, Kämpfe und Verfolgungen. Er sollte an der Kampffront sein und für sein Land kämpfen und es verteidigen. Aber leider hatte er nun, da er zum Oberhaupt des Königreiches geworden war, das Interesse daran verloren und sandte andere in den Krieg. Er war dann mehr daran interessiert, Konkubinen zu haben. Wie paradox, magst du sagen? Jeder Mensch strebt danach, erfolgreich zu sein. Wer das leugnet, ist einfach nicht ehrlich. Gott selbst hat das Verlangen, nach Erfolg zu streben, in den Menschen gelegt. Aber Erfolg und Bequemlichkeit bringen einen Menschen dazu, selbstgefällig zu werden und sich auf seinen Lorbeeren auszuruhen. Wenn du nur auf Bequemlichkeit aus bist, dann versuche nicht einmal, dir vorzustellen, wohin dich das bringen wird. Du wirst sonst etwas entdecken, das nicht angenehm ist. Es wird ein „Schatz" sein, den du niemals würdest besitzen wollen, hättest du vorher um die Konsequenzen, die dieser mit sich bringt, gewusst.

Wir Christen sollten wissen, dass jeder Erfolg seine eigenen Herausforderungen hat. Er wird Konsequenzen haben, vor denen wir auf der Hut sein sollten.

Alles das, was gesagt wurde, heißt nicht, dass jeder gesalbte und weise Diener Gottes oder jeder erfolgreiche Mensch unbedingt dem Druck der Unzucht und des Ehebruchs nachgeben wird. Die Geschichte des Christentums kennt viele Männer Gottes, die ein gottgefälliges Leben führten. Sie sind nicht gefallen. Der Apostel Paulus ist nicht gefallen, der Apostel Petrus wurde nicht durch sexuelle Unmoral vom Weg abgebracht, auch Johannes hatte nichts mit Unzucht zu tun, und Jesus Christus sündigte nicht. Von all jenen müssen wir lernen, wie wir an Gottes Segnungen festhalten und nicht fallen,

Unzucht ist der Mörder der Helden und der Menschen, die Erfolg, Macht, Weisheit und Salbung besitzen. Nichts kann die Mitarbeiter Gottes mehr zerstören als diese Sünde. Erlaube dem Teufel also nicht, deinen Verstand zu verblenden. Behalte deine Augen weit offen. Sei immer auf der Hut! Verleugne die bestehende Gefahr nicht und laufe nicht ohne deine Waffenrüstung herum. Glaube nicht, dass du nicht in der Gefahr stehst, jemals davon betroffen zu werden, glaube nicht, dass du in irgendeiner Weise immun dagegen bist.

Denn viele sind die Erschlagenen, die sie gefällt hat, und zahlreich alle, die sie ermordete. Sprüche 7:26

Die Unzucht und der Ehebruch der Hure, vor der wir im Vorwort gewarnt wurden, hat viele zu Fall gebracht. Viele starke Menschen sind davon erschlagen worden. Deshalb betone ich, dass Unzucht der Mörder der Helden ist. Und meist gehören gerade die, die zu sehr von sich überzeugt sind, am Ende zu den

Verwundeten, vor allem jene, die angeben und sagten: „Ich niemals! Nie im Leben!" Meist sind es gerade diese Leiter, die fallen.

Kann man Feuer wohl tragen in seinem Gewandbausch, ohne dass einem die Kleider verbrennen?

Oder kann jemand wohl schreiten auf glühenden Kohlen, ohne dass er sich die Füße versengt?

So geht es auch dem, der hineingeht zur Frau seines Nächsten: keiner bleibt ungestraft, der sie berührt. Sprüche 6:27-29

Gott warnt uns in seinem Wort, dass wir uns mit dieser Sünde nicht einlassen dürfen. Wir dürfen uns ihr nicht einmal nahen. Denke daran, dass wir der Tempel Gottes sind und dass wir uns rein halten müssen. Gott lebt in uns, deshalb dürfen wir seinen heiligen Namen, den wir zu rühmen berufen sind, in keiner Weise beschmutzen.

Die Vernichtung der Kirche in der Wüste

Weißt du, dass das Volk Israel in der Wüste das Sinnbild der Gemeinde heute ist? Gott ließ zu, dass diese Gemeinde in der Wüste drei verschiedene Formen der Vernichtung erleiden musste.

Die schlimmste Vernichtung, die an einem Tag stattfand, forderte das Leben von 23.000 Menschen, die aufgrund von Unzucht sterben mussten.

Auch lasst uns nicht Unzucht treiben, wie einige von ihnen Unzucht trieben, und es fielen an einem Tag dreiundzwanzigtausend.

1.Korinther 10:8

Der Grund für die zweitgrößte Vernichtung war die Liebe zum Geld. Als sich die Israeliten ein goldenes Kalb gossen, kamen etwa 3000 Menschen um.

Der Grund für die dritte Vernichtung, die die Kirche in der Wüste erfuhr, war Rebellion. In letzter Zeit haben christliche

Prediger viel über Rebellion gesprochen, als wäre dies das Problem Nummer Eins. Nun, Rebellion war tatsächlich die Ursache für den Tod von etwa 200 Menschen. Die größte Vernichtung unter den Israeliten geschah jedoch aufgrund von Unzucht. Wir sehen also, dass dieses etwas wirklich Schlimmes ist, und die Kirche etwas unternehmen muss, um sich davor zu schützen. Unzucht ist das Problem Nummer Eins, das die heutige Kirche zerstört. Es ist die größte Massenvernichtung aller Zeit, ein geistlicher Wahnsinn.

Gott warnt uns vor den Gefahren dieser letzten Tage, in denen wir heute leben.

Der Geist aber sagt ausdrücklich, dass in späteren Zeiten manche vom Glauben abfallen werden, indem sie auf betrügerische Geister und Lehren von Dämonen achten. 1.Timotheus 4:1

Die Schrift sagt, dass in den letzten Tagen betrügerische Geister besonders tatkräftig gegen Menschen vorgehen werden, um sie zum sündigen zu zwingen. Es gibt Geister, die die Menschen zum Ehebruch verführen. Es gibt Geister, die dafür verantwortlich sind, die Menschen zur Unzucht zu treiben. Es gibt Geister, die versuchen, die Menschen dazu zu bringen, in Lust zu leben.

Die Waffen im Kampf gegen die sexuelle Unmoral

Wie können wir dann im Angesicht solcher massiven Angriffe der Mächte der Finsternis den Sieg davontragen? Wie können wir diesen Sünden den Rücken kehren? Wie können wir gegen sie ankämpfen? Wie können wir von ihnen frei werden? Ist das realistisch? Tausende von Menschen können bezeugen, dass man tatsächlich von diesen Sünden frei sein kann. Der Sieg über sie kann tatsächlich errungen werden, weil Gott uns ein Waffenarsenal zur Verfügung gestellt hat, dass wir im Kampf gegen Unzucht und Ehebruch nutzen können. Welches sind die verschiedenen Waffen, die er uns gegeben hat?

Die **erste** Waffe, die wir benutzen können, ist das Wissen, in Christus zu sein. Höre auf, von dir selbst als Marina, Sascha, David oder was dein Name auch immer sein mag zu denken, sondern beginne, dich mit Jesus Christus zu identifizieren. Sei dir bewusst, dass du kein eigenes Leben hast. Das Leben, das du jetzt lebst, ist nicht deines, es gehört Jesus Christus. Sterbe dir selbst. Sterbe der Sünde.

So auch ihr: Haltet euch der Sünde für tot, Gott aber lebend in Christus Jesus!

So herrsche nun nicht die Sünde in eurem sterblichen Leib, dass er seinen Begierden gehorche;

stellt auch nicht eure Glieder der Sünde zur Verfügung als Werkzeuge der Ungerechtigkeit, sondern stellt euch selbst Gott zur Verfügung als Lebende aus den Toten und eure Glieder Gott zu Werkzeugen der Gerechtigkeit!

Denn die Sünde wird nicht über euch herrschen, denn ihr seid nicht unter Gesetz, sondern unter Gnade.   Römer 6:11-14

Sterbe der Sünde. „Begrabe" dich selbst. Werde dir bewusst, dass nicht mehr du es bist, der lebt, sondern dass Gott in dir lebt. Du hast einfach kein eigenes Leben mehr. Ein toter Mensch hat kein Verlangen mehr; er begeht keine Unzucht, er sündigt nicht, er wird nicht versucht.... Ein toter Mensch hat es nicht auf Liebelei abgesehen. Niemals und zu keinem Zeitpunkt in seinem Leben! Die Sünde kann nicht mehr über dich herrschen, weil du tot bist. Die Sünde kann in keiner Weise über einen Menschen herrschen, der sich bewusst als tot betrachtet, noch kann sie ihn besiegen.

Wenn du dir selbst gestorben bist, kann Jesus in dir wohnen. Und weil er nie gesündigt hat, ist es auch dir möglich, nicht zu sündigen, weil du dich mit ihm identifizierst. Denke daran, wie der Apostel Paulus sich dieses Identifizieren mit Christus zunutze machte. Er sagte, dass er sich täglich für gestorben erachte (1. Korinther 9:26,27). Er praktizierte es, der Sünde gestorben zu sein. Er sah sich nicht als jemand an, der einmal gestorben war, sondern er tat es täglich.

Die **zweite** Waffe ist die Kraft des Nachsinnens. Setze dich einfach für einen Moment hin und denke gründlich darüber nach, was die Konsequenzen der Sünde sind. Sehr oft wollen wir nicht darüber nachdenken. Es ist unangenehm, darüber nachzugrübeln. Wir weinen, manchmal werden wir unglücklich, viele Male tun wir Buße, aber selten zwingen wir uns dazu, unsere Taten und unser Handeln zu analysieren. Wir beeilen uns zu sagen: „Oh Herr, vergib mir…", aber wir denken nicht tiefgründig über die Konsequenzen unserer Sünden nach. Wir gehen schnell weiter voran. Und die Sünde geht mit! Wenn wir aber nur beginnen würden, ernsthaft nachzudenken und unsere Sünde genau zu betrachten, dann wären wir in der Lage, den Abgrund zu sehen, an dessen Schwelle wir stehen. Dann würde unsere Vorstellungskraft uns zu offenbaren beginnen, was die möglichen Folgen unserer Spielerei mit der sexuellen Sünde sein könnten. Was könnte am Ende dein Schicksal sein, wenn du weiterhin sündigst? Was könnte mit dir geschehen? Wenn du dir überlegst, wie alles enden könnte, wenn du dir das ganze Grauen der Hölle vorstellst, die dich in der Ewigkeit erwartet, wenn du an die Ehre denkst, die du verlieren könntest und wie sehr du Christus betrüben könntest. Wenn du darüber gründlich nachdenkst, viele Stunden lang, dann würdest du als freier Mensch dein Zimmer verlassen. Der Herr selbst sagt, dass du gut überlegen, also logisch über die Dinge nachdenken solltest.

Kommt denn und lasst uns miteinander rechten!, spricht der HERR. Wenn eure Sünden rot wie Karmesin sind, wie Schnee sollen sie weiß werden. Wenn sie rot sind wie Purpur, wie Wolle sollen sie werden.

Wenn ihr willig seid und hört, sollt ihr das Gute des Landes essen.
Jesaja 1:18,19

Wenn du also mit Gott Gemeinschaft hast, denke tiefgründig über dein Leben und über das Problem nach, das immer wieder in deinem Leben auftaucht. Der Herr wird deine Sünden so weiß wie Schnee machen, egal wie ernst sie auch sein mögen. Das Gleichnis des verlorenen Sohnes bestätigt das. Erst als dieser begann, tiefgründig über sein Leben nachzudenken, war er in der Lage, seinen eigenen Fehler zu erkennen:

Als er aber zu sich kam, sprach er: Wie viele Tagelöhner meines Vaters haben Überfluss an Brot, ich aber komme hier um vor Hunger.

Ich will mich aufmachen und zu meinem Vater gehen und will zu ihm sagen: Vater, ich habe gesündigt gegen den Himmel und vor dir;

ich bin nicht mehr würdig, dein Sohn zu heißen! Mach mich wie einen deiner Tagelöhner!

Und er machte sich auf und ging zu seinem Vater. Als er aber noch fern war, sah ihn sein Vater und wurde innerlich bewegt und lief hin und fiel ihm um seinen Hals und küsste ihn. Lukas 15:17-20

Was tat dieser verlorene Sohn? Niemand hatte ihm zugeredet. Aber als er allein war, stellte er sich selbst die Frage: „Was wird mit mir passieren?" Es ist eine gute Übung, über das eigene Handeln nachzudenken. Das ist eine praktische Möglichkeit, sich selbst im Kampf gegen die Sünde zu helfen. Wenn du dich hinsetzt und über dein Schicksal nachdenkst, über deine eigene Sünde, darüber was dir generell passieren könnte, dann wirst du die Kraft der Befreiung spüren, und du wirst freigesetzt werden.

und du stöhnst zuletzt, wenn dein Fleisch und dein Leib dahinschwinden,

und sagst: Ach, wie konnte ich nur hassen die Zucht, wie konnte mein Herz nur die Mahnung verschmähen,

dass ich nicht gehorchte der Stimme all derer, die mich unterwiesen, dass ich mein Ohr meinen Lehrern nicht zuneigte!

Sprüche 5:11-13

Früher oder später wirst du sowieso über alles nachdenken müssen, die Frage ist jedoch: Wird das sein bevor du einen Fehler machst oder erst danach? Es hängt alles von dir ab. Aber es ist besser, schon vorher ernsthaft darüber nachzudenken!

Die **dritte** hilfreiche Waffe, die uns zur Verfügung steht, ist die, uns in der Gottseligkeit zu üben.

Die unheiligen und altweiberhaften Fabeln aber weise ab, übe dich aber zur Gottseligkeit;

denn die leibliche Übung ist zu wenigem nütze, die Gottseligkeit aber ist zu allen Dingen nütze, weil sie die Verheißung des Lebens hat, des jetzigen und des zukünftigen. 1.Timotheus 4:7,8

Leider habe ich in der christlichen Welt nicht sehr oft Predigten über „sich in Gottseligkeit üben" gehört. Dabei ist dies etwas ganz Praktisches, von dem die Bibel spricht. Gottes Aufmerksamkeit richtet sich hier vor allem an die jungen Leute. Sich in Gottseligkeit zu üben ist etwas, über das der Apostel Paulus und andere Nachfolger Christi schrieben. So wie wir unsere physischen Muskeln trainieren, so müssen wir auch unsere geistlichen Muskeln trainieren. Als ich mit Bodybuilding begann, konnte ich zuerst nur 40 kg heben, aber mit der Zeit konnte ich mehr als 100 kg heben. Training ist ein mächtiges Werkzeug! Es könnte passieren, dass du am Anfang keinen Erfolg hast, worüber du aber niemals bitter werden solltest. Früher oder später wirst du in der Lage sein, vieles zu schaffen und zu verstehen, sofern du beharrlich bleibst.

Übe dich in Gottseligkeit, das heißt auf einen Zustand hin, indem du frei von der Sünde lebst. Du wirst das nicht an einem Tag schaffen. Versuchungen werden nicht sofort nachlassen wenn du gerade begonnen hast. Aber du musst immer weiter üben, damit du sie bekämpfen und überwinden kannst. Du musst beginnen, den Sieg über jede Art von Versuchung zu erlangen. Sie werden dich angreifen, aber trainiere dennoch weiter. Lass die

Versuchung dir als Gelegenheit dienen, dich in Gottesfurcht zu üben.

Und dann gibt es noch **eine weitere** zuverlässige Waffe im Kampf gegen die Unzucht. Das sind die Offenbarungen, die wir aus Gottes Wort empfangen.

um sie zu heiligen, sie reinigend durch das Wasserbad im Wort,
Epheser 5:26

Gottes Wort reinigt, wie ein Wasserbad, von aller Unreinheit und Sünde.

Wodurch hält ein Jüngling seinen Pfad rein? Indem er sich bewahrt nach deinem Wort. Psalm 119,9

Wenn du dich mit Gottes Wort füllst, wird es dir eine große Hilfe und Unterstützung sein. Selbst Jesus nahm in Zeiten der Versuchung die Gelegenheit wahr, das Wort zu nehmen und immer wieder zu bekräftigen: „Es steht geschrieben... es steht geschrieben..." Wenn du mit dem Wort erfüllt bist, dann kocht es in dir über, und errichtet damit eine Barrikade gegen die Versuchung in dir. Begib dich einfach unter das Wort, das wird dir helfen, den Sieg zu erlangen. Der Bibelvers spricht von einem jungen Mann, der seinen Pfad rein hält. „Seinen Pfad rein halten" bedeutet hier nicht, einfach Vergebung zu erlangen, sondern in der Lage zu sein, seinen eigenen Pfad reinzuhalten. Das ist tatsächlich möglich. Den eigenen Pfad reinzuhalten, frei von Unzucht, frei von anderen schädlichen Lüsten. Es ist möglich. Es ist eine Realität.

Die **fünfte** Waffe, die dir helfen wird, der Unzucht zu widerstehen, ist dich von deinem Gewissen leiten zu lassen und ihm zu gehorchen. Höre auf dein Gewissen, höre auf deine innere Stimme. Dein Gewissen wird dich immer warnen und zu dir reden. Der Heilige Geist wird dich immer vor Gefahren aller Art warnen.

Aber leider geschieht es oft, dass uns die Unzucht taub macht für die Stimme unseres Gewissens.

durch die Heuchelei von Lügenrednern, die in ihrem eigenen Gewissen gebrandmarkt sind, 1.Timotheus 4:2

Wenn du dich weigerst, auf dein Gewissen zu hören, dann stumpft es ab. Und das ist furchtbar, weil es bedeutet, dass du deine Fähigkeit, mit anderen Menschen mitzufühlen, verlieren wirst. Du wirst einfach nur dem Teufel folgen, so wie ein Blinder seinem Führer folgt. Aber wenn du auf dein Gewissen hörst, wird dich das vor viel Leid bewahren.

Darum übe ich mich auch, allezeit ein Gewissen ohne Anstoß zu haben vor Gott und den Menschen. Apostelgeschichte 24:16

Versuche, so zu leben, dass dein Gewissen vor Gott und den Menschen rein ist. Das wird dir helfen, eine jede Sünde zu überwinden.

Die **sechste** Waffe ist die menschliche Entschlusskraft. Sie ist eine sehr starke Waffe. Als ich noch ungläubig war, traf ich die bewusste Entscheidung, niemals zu rauchen. Auch ohne den Heiligen Geist, ohne Salbung, ohne Glauben an Gott schaffte ich es, nicht zu rauchen. Ich traf auch die Entscheidung, nicht zu trinken, und auch das gelang mir. Es liegt eine große Kraft in der Entscheidung eines Menschen. Gott legte das gleich zu Anfang in den Menschen hinein, um uns vor falschen Handlungen zu bewahren. Verliere niemals den Glauben an deine Kraft, bewusste Entscheidungen treffen zu können!

Dein Volk ist voller Willigkeit am Tage deiner Macht. In heiliger Pracht, aus dem Schoß der Morgenröte habe ich dich wie Tau gezeugt. Psalm 110:3

Das Wort „Willigkeit" (Anm. Übers. volunteer, im englischen Bibeltext mit Freiwilligkeit übersetzt), wie es im Text steht, vermittelt die Vorstellung, freie Entscheidungen treffen zu können. Wenn wir eine Entscheidung treffen, dann können nur wir selbst dagegen handeln. Der Teufel hat keine Macht, etwas dagegen zu unternehmen.

Und es geschah nach diesen Dingen, da warf die Frau seines Herrn ihre Augen auf Josef und sagte: Liege bei mir!

Er aber weigerte sich und sagte zu der Frau seines Herrn: Siehe, mein Herr kümmert sich um nichts bei mir im Haus; und alles, was er besitzt, hat er in meine Hand gegeben.

Er selbst ist in diesem Haus nicht größer als ich, und er hat mir gar nichts vorenthalten als nur dich, weil du seine Frau bist. Wie sollte ich dieses große Unrecht tun und gegen Gott sündigen?

1.Mose 39:7-9

Josef war Versuchungen dieser Art jeden Tag ausgesetzt. Aber seine Stärke lag in seiner Entschlusskraft. Er hatte einfach entschieden: „Nein! Ich werde es nicht tun!" Jesus lebte nicht in ihm. Keine Salbung lag auf ihm; der Heilige Geist war nicht auf ihm. Die Entschlusskraft ist mächtig. Josef lebte zur Zeit des Alten Testamentes. Wie viel größer ist dann die Kraft, die wir heute in uns haben, zur Zeit des Neuen Testamentes. Eine Kraft, die durch die Macht des Heiligen Geistes kommt. Jeder kann die Entscheidung treffen, frei zu sein.

All bisher genannten sechs Waffen sind dir eine Hilfe, um den Sieg über die sexuelle Unmoral zu erlangen, damit du frei davon sein kannst. Diese Waffen werden dir helfen zu überwinden, auch dann, wenn dieses Problem zu einer sehr tief verwurzelten Festung in dir geworden ist.

Die nächste Waffe, die wir uns nun ansehen werden, wird dir auch dann helfen, wenn du in der Unterwelt des Satans lebst, umgeben von Dämonen inmitten der Hölle. Diese Waffe wird dich freisetzen.

Diese **siebte** Waffe, die dir zu einem endgültigen Sieg über die Unzucht und Lust verhelfen kann, ist die Fähigkeit, vor Unzucht und Ehebruch davonzulaufen. Wir haben das in früheren Kapiteln bereits erwähnt.

Flieht die Unzucht! Jede Sünde, die ein Mensch begehen mag, ist außerhalb des Leibes; wer aber Unzucht treibt, sündigt gegen den eigenen Leib. 1.Korinther 6:18

Flieht vor sexuellen Sünden aller Art. Du fragst vielleicht: „Wie kann ich das tun? Wie kann ich weglaufen?" Du tust das, indem du Situationen und Gelegenheiten meidest, die dich in Versuchung führen könnten.

Ich sehe mir keine Spielfilme an. Ich will sie nicht ansehen. Das ist meine Art, davonzulaufen. Zuhause nutze ich Satellitenfernsehen, welches auch einen Pornokanal hat. Es ist möglich, diesen rein zufällig einzuschalten. Das habe ich bedacht und den Kanal deshalb komplett entfernt. Ich weiß, dass es immer die Option gibt, zu sagen: „Ich kann es mir ja nur einmal für zwei Minuten ansehen und dann abschalten." So einfach kann man in die teuflische Falle der Unzucht geraten. Ich weiß, dass es besser ist, wegzulaufen als später die Dämonen austreiben zu müssen. Warum lässt du es zu, besiegt zu werden, wenn du weglaufen kannst? Einige Christen haben sich aus diesem Grund entschieden, gar nicht mehr fernzusehen. Wenn du merkst, dass du nicht die Kraft hast, dich zu kontrollieren, dann ist es besser, das Fernsehen ganz zu meiden. Das ist eine der Arten zu fliehen. Halte dich fern von allem, was dich straucheln lässt oder straucheln lassen könnte. Fliehe davor.

Wenn ich merke, dass ich ein ungesundes Gefühl einer Dame oder Schwester gegenüber habe, versuche ich einfach, den Kontakt zu ihr zu vermeiden. Wenn ich sie früher freundlich umarmen oder bei der Hand nehmen konnte, so versuche ich jetzt, vorsichtiger zu sein. Ich versuche nicht nur, sie nicht zu berühren, sondern ich begebe mich nicht mehr in ihre Nähe. Manchmal kann auch ein einfacher Gruß einen schlechten Dienst leisten. In einem solchen Fall ist es besser, jeglichen persönlichen Kontakt zu meiden.

Natürlich ist eine Umarmung an sich erlaubt, weil sie eine Geste der Freundschaft ist. Wenn sie aber beginnt, mehr als das zu bedeuten, dann ist es besser, nicht zu umarmen. Dasselbe gilt für das Händeschütteln. Lass es nicht deine Sorge sein, was andere über deine Reaktion denken mögen. Vielleicht erscheint es einem anderen dumm, aber es ist besser, dumm ins Paradies als weise in die Hölle zu gehen. Aus diesem Grund versuche ich auch, nicht alleine mit jemandem des anderen Geschlechtes in einem Auto zu fahren. Ich halte es immer für besser, im Vorfeld vorzusorgen, damit ich der Versuchung entfliehen kann.

Die Fähigkeit, der Versuchung zu entfliehen, löst viele Probleme im Bereich der Unzucht. Sie wird dich davor bewahren, ins Verderben zu stürzen.

Die Bibel lehrt:

Irrt euch nicht: Schlechter Umgang verdirbt gute Sitten.
1.Korinther 15:33

Wenn du wirklich weißt, dass du verwundbar für die Versuchung bist, warum riskierst du es dann, Gemeinschaft mit jemandem zu haben, der eine Versuchung für dich sein könnte? Manchmal musst du sogar deine freundschaftlichen Telefongespräche eingrenzen, weil auch diese zu irgendeinem zukünftigen Zeitpunkt zur Unzucht führen könnten. Situationen können im Leben manchmal ziemlich unvorhersehbar sein.

Da greift sie ihn, da küsst sie ihn, wird unverschämt und sagt zu ihm... Sprüche 7:13

Es gibt eine klischeehafte Ansicht, dass nur Prostituierte sexuelle Unmoral begehen. Aber vielleicht bist du überrascht zu hören, dass auch ein hoher Prozentsatz geistlicher Menschen in diese Sünde fällt. Wie oft ist es schon passiert, dass ein Pastor oder geistlicher Leiter, nach ständigen Konflikten zu Hause, plötzlich die besonderen Blicke seiner Sekretärin im Büro bemerkt oder die der Schwester, die den Lobpreis leitet. Wenn du außerdem bedenkst, dass er nur ein paar Stunden zu Hause verbringt und seine übrige Zeit in Gesellschaft dieser gewissen Sekretärin, dann wäre es nicht überraschend, wenn ihm früher oder später permanent ein Gedanke in den Kopf kommt: „Sie versteht mich so gut! Ich muss sie nur ansehen, und sie weiß bereits, was ich sagen will. Wir sind in völliger Harmonie miteinander. Ein Geist!" Und dann lassen die Menschen es zu, dass aus dieser geistlichen Einheit eine physische Einheit wird. Das geschieht, weil sie nicht rechtzeitig Grenzen gesetzt haben. Geistliche Einheit ist etwas, das Gott schenkt, und es ist die großartigste Form der Einheit. Aber sie ist für die geistlichen Werke gedacht. Gott hat nicht geplant, für die geistliche Einheit auch das Fleisch oder die Seele zu vereinen. Aber Gedanken dieser Art sind gewöhnlich sehr hartnäckig und rufen außerdem angenehme Gefühle hervor, so dass die Sünde nicht mehr weit ist. Deine eigene Frau erscheint dir jetzt schlecht und nicht mehr passend für dich, während diese andere Person die perfekte Partnerin zu sein scheint, der Traum eines Poeten. Lasse nicht zu, dass dir Menschen, mit denen du zusammen arbeitest oder denen du dienst, zu vertraut werden. Das Prinzip der Flucht ist ein sehr wichtiges Prinzip.

Die **achte** Waffe, die dir helfen wird, die Unzucht zu besiegen, ist die Gottesfurcht und die Furcht vor der Sünde. Fürchte dich davor, gegen Gott zu sündigen. Fürchte dich vor der Sünde so wie vor dem Feuer. Die Gottesfurcht zu spüren wird dich vor der Sünde bewahren. Die Gottesfurcht bewahrt dich vor aller Verunreinigung.

In der Furcht des HERRN liegt ein starkes Vertrauen, auch seine Kinder haben eine Zuflucht. Die Furcht des HERRN ist eine Quelle des Lebens, um die Fallen des Todes zu meiden. Sprüche 14:26,27

Wenn du Gottesfurcht hast, wirst du Gott in keiner Weise provozieren wollen. Du wirst dir nicht erlauben, irgendetwas zu tun, das gegen seinen Willen ist. Diese Furcht wird dich schützen. Die Furcht vor dem Herrn zieht einen Menschen hinweg von den

Schlingen des Todes. Die Gottesfurcht, Gott zu fürchten, ist die stärkste Waffe, die es gibt. Sie wird dir helfen, mit jeder Art von Versuchung umzugehen.

Aber es gibt noch eine **weitere** Waffe gegen die Unzucht, die ein jeder Christ in seinem Arsenal hat.

Unterwerft euch nun Gott! Widersteht aber dem Teufel! Und er wird von euch fliehen.

Naht euch Gott! Und er wird sich euch nahen. Säubert die Hände, ihr Sünder, und reinigt die Herzen, ihr Wankelmütigen!

Jakobus 4:7,8

Lerne, dem Teufel zu widerstehen. Sei dir bewusst, dass du es bei Unzucht und Ehebruch oft mit einem unreinen Geist zu tun hast. Lerne, diesen Geistern zu gebieten. Wenn du der Versuchung erliegen solltest, verurteile dich nicht. Öffne nur deine geistlichen Augen, damit du sehen kannst, dass es das Werk eines Geistes ist. Werde stark in Gott und wende dich diesem Geist zu, so wie es auch Jesus getan hat, und sage: „Geh von mir, Satan! Denn es steht geschrieben...." Lerne, die Dämonen auszutreiben, die deiner Seele Versuchungen einflüstern.

Wir haben uns nun ziemlich viele verschiedene Waffenarten angesehen, die dich vor den teuflischen Attacken der sexuellen Unmoral bewahren können. Es gibt allerdings noch zwei weitere extrem mächtige Waffen, die 100 % zuverlässig sind.

Die Geheimnisse Jesu Christi

Einmal habe ich darüber nachgegrübelt, was Jesus Christus wirklich geholfen hat, während seines Dienstes auf der Erde nicht zu sündigen. Sicherlich war auch er Versuchungen ausgesetzt. Frauen haben sich auch in ihn verliebt, so wie sie es auch heute bei Männern Gottes tun. Christus war ständig von Frauen umringt. Maria Magdalena war eine von ihnen. Sie zeigte ständig ihre Liebe zu Jesus und versuchte immer, ihm nahe zu sein. Sie bedauerte es nicht, auch das kostbare Salböl zu benutzen, das sie für die Hochzeit mit ihrem zukünftigen Ehemann vorbereitet hatte, um Jesu Füße damit zu salben. Was war das Geheimnis unseres Herrn, dass er über den Versuchungen stehen konnte? Der Grund für seinen andauernden Sieg ist eigentlich ganz einfach.

Es gibt etwas, das jedes Verlangen zu sündigen in dir abzutöten kann. Es kann jede Lust töten. Was ist das? Die Bibel offenbart uns dieses Geheimnis Jesu Christi.

„du hast Gerechtigkeit geliebt und Gesetzlosigkeit gehasst..."
Hebräer 1:9

Die Sünde hassen – das ist es, was Jesus stets gerettet hat. Schon der bloße Gedanke an die Sünde war abstoßend für ihn.

Das Problem vieler Christen ist allerdings, dass sie den Hass erst einmal völlig vergessen, wenn sie zu Gott finden und seine Liebe erfahren. Oft erinnern sie sich gar nicht mehr daran, was Hass eigentlich ist, und manch einer leugnet, dass es diesen überhaupt geben muss. Für mich persönlich ist es eher schwierig, Hass in mir heraufzubeschwören. Ich konnte mich einfach nicht daran erinnern, was ich hassen sollte. Ich wusste nicht einmal, wie sich dieser Hass anfühlt. Aber tatsächlich ist Hass unsere stärkste Waffe.

Also versuchte ich, mich an etwas zu erinnern, das ich in meinem Leben wirklich gehasst hatte.

Und plötzlich war ich in meiner Vorstellung mit dem schrecklichen, widerlichen Bild der öffentlichen Toilette im Studentenwohnheim, in dem ich früher gewohnt hatte, konfrontiert. Vielleicht erscheint dieses Bild einigen von euch geschmacklos, aber die Wirkung, die es auf mich hatte, war ziemlich verblüffend! Meine Erinnerung beschwor einen unbeschreiblich dreckigen Flur herauf, der so aussah, als sei er schon lange nicht mehr gereinigt worden.

Und nur um das Bild zu vervollständigen, es gingen verschiedene Studenten hinein, um die Toilette zu benutzen. An mehr als das möchte ich mich gar nicht erinnern. Dieses Bild auch nur eine Sekunde lang vor mir zu sehen, reichte mir aus, um zu verstehen, was Hass ist! Eine weitere Erklärung brauchte ich nicht! Ich verstand sehr genau, wie Jesus den Hass sieht!

Du kannst kreativ sein und dir etwas aus deiner eigenen Erfahrung vorstellen, wenn dich mein Beispiel nicht beeindruckt. Aber die Auswirkung, die es auf mich persönlich hatte, war die, dass ich umgehend jegliches Verlangen zu sündigen verlor!

Lass Sünde für dich zu etwas Abscheulichem werden. Dann wirst du den 100%igen Sieg darüber erlangen.

Die **letzte** Waffe ist noch großartiger. Sie zu benutzen ist mit einer großen Verantwortung verbunden. Wenn dir das Problem der Unzucht bereits über den Kopf gewachsen ist, wenn dir andere Methoden nicht länger helfen und du keinen Ausweg siehst, dann nutze diese Waffe als letzten Ausweg.

Denn als Gott dem Abraham die Verheißung gab, schwor er bei sich selbst - weil er bei keinem Größeren schwören konnte.
Hebräer 6:13

Die letzte Waffe ist ein Eid. Wenn sonst nichts funktioniert, dann begib dich unter einen Eid. Lege all deine Karten auf den Tisch, alles was du hast, sogar dein Leben. Sage einfach: „Wenn ich das noch einmal mache, Herr, dann lass diesen Tag der letzte Tag meines Lebens sein. Lass mich auf der Stelle tot umfallen." Der Eid ist die mächtigste Waffe in unserem Kampf gegen einen unsichtbaren Gegner. Es ist wahrhaftig besser, sofort ins Paradies als später in die Hölle zu gehen. Jesus sagte, dass es besser sei, als Krüppel ins Paradies als gesund in die Hölle zu gehen.

Menschen schwören bei jemandem, der größer ist als sie, und ein beurkundeter Eid beendet jeden Konflikt.

Wenn Menschen schwören bei einem Größeren, und der Eid ist ihnen zur Bestätigung ein Ende alles Widerspruchs.

Deshalb hat sich Gott, da er den Erben der Verheißung die Unwandelbarkeit seines Ratschlusses noch viel deutlicher beweisen wollte, mit einem Eid verbürgt,

damit wir durch zwei unveränderliche Dinge, bei denen Gott doch unmöglich lügen kann, einen starken Trost hätten, die wir unsere Zuflucht dazu genommen haben, die vorhandene Hoffnung zu ergreifen. Hebräer 6:16-18

Ein Eid beendet jeden Konflikt und bringt auch jede Meinungsverschiedenheit zu einem Abschluss. So ist es! Der Eid ist die mächtigste Kraft unter dem Himmel. Sie bringt einen jeden Konflikt zum Ende. Er kann auch deinen Konflikt mit der Sünde des Ehebruchs und der Unzucht zu Ende bringen. Alles findet an dem Tag ein Ende, an dem du einen Eid schwörst. Dein Kampf und deine Konflikte enden im absoluten Sieg, wenn du den Eid aussprichst.

Der Eid ist ein Siegel, dessen Wirksamkeit mit nichts anderem verglichen werden kann. Es steht geschrieben, dass Menschen einen Eid bei dem Höchsten schwören. Also ist ein Eid das Allerhöchste. Ein beurkundeter Eid beschließt jeden Konflikt.

Um also alles noch einmal zusammenzufassen, was bisher gesagt wurde, stehen uns im Kampf gegen die Unzucht folgende Waffen zur Verfügung:

- Der Sünde gestorben zu sein
- Sorgfältig über die Konsequenzen der Sünde nachzudenken
- Sich in Gottseligkeit zu üben
- Die Offenbarung aus Gottes Wort zu empfangen
- Dem eigenen Gewissen zu gehorchen und sich von ihm leiten zu lassen
- Die Entscheidung, die Sünde abzulehnen

- Die Fähigkeit, vor der Sünde zu fliehen
- Die Gottesfurcht
- Die Sünde zu hassen
- Der Eid

Ich glaube, dass du nun, nachdem du dieses Kapitel gelesen hast, angemessen bewaffnet bist, so dass der Teufel dich nicht länger täuschen und besiegen kann.

Goldene Wahrheiten

1. Zunächst einmal muss ein Mensch sich selbst besiegen.
2. Die Salbung garantiert keinen Schutz vor Unzucht, Ehebruch oder Lust.
3. Weisheit macht es noch wahrscheinlicher, der Gefahr der Unzucht ausgesetzt zu werden.
4. Dein Reichtum kann dich nicht vor der Unzucht bewahren.
5. Gottes Segnungen wenden nicht automatisch die Angriffe des Teufels ab, der uns mit sexueller Unmoral versuchen will.
6. Je erfolgreicher ein Mensch im Leben ist, desto größer kann die Gefahr der Unzucht sein.
7. Unzucht ist der Mörder der Helden und der Menschen, die Erfolg, Macht, Weisheit und Salbung haben.
8. Die Freiheit von der Sünde ist etwas Reales.
9. Über das eigene Handeln gründlich nachzudenken ist wichtig für den Kampf gegen die Sünde.
10. Fliehe vor jeder Art sexueller Sünde.
11. Die Gottesfurcht bewahrt dich vor jeder Art von Beschmutzung.
12. Wenn die Sünde für dich zu etwas Abscheulichem wird, wirst du den 100%igen Sieg über sie erlangen.

13. Ein Eid ist unsere mächtigste Waffe im Kampf gegen Unzucht und Ehebruch.

Kapitel 6

Unmoral und die Vaterschaftskrise

Wir haben in diesem Buch schon an anderer Stelle erwähnt, wie Laster aller Art in unserer Gesellschaft gedeihen: Gewalt, Prostitution, Kriminalität, Unzucht, Ehebruch und sonstige Arten sexueller Unmoral.

Die Menschen sind geneigt zu denken, dass diese sozialen „Geschwüre" auf die wirtschaftliche Instabilität des Landes zurückzuführen sind. Sie glauben, dass es an der kurzsichtigen Politik der Regierung, der Verarmung der Bevölkerung und der Arbeitslosigkeit liegt. Natürlich beeinflussen diese Prozesse die Moral unserer Gesellschaft, aber die Wurzel all dieser oben genannten Phänomene ist in Wirklichkeit eine andere. Es fehlt das Verständnis dafür, was in dieser gegenwärtigen Krise Vaterschaft bedeutet. Öffentliche Statistiken der letzten paar Jahre zeigen, dass 28 % aller Kinder der Welt in einem Zuhause lebt, in dem es entweder keinen Vater gibt oder keinen Vormund, der die Funktion eines Vaters übernimmt. Ich glaube, diese Statistik neigt eher noch dazu, die Situation zu verharmlosen, denn die Vaterlosigkeit hat sich in den letzten Jahren dramatisch gesteigert.

Die Folgen der Krise

Die Folgen der Vaterschaftskrise sind wirklich tragisch. Sie hat zu einem Zusammenbruch der Gesellschaft geführt und in jedem Gesellschaftsbereich zu noch mehr Unzucht geführt. Die große Hure erfreut sich wahrhaftig einem Leben im Luxus in jeder Nation auf diesem Globus. Der Wein ihres Ehebruchs hat das Bewusstsein der Menschen so abgestumpft, dass sie ihre Bestimmung, nämlich das menschliche Geschlecht zu erhalten, vergessen haben. Stattdessen sind sie nur auf ihr eigenes vergängliches Vergnügen bedacht.

Die Statistiken sind einfach erschütternd! 80 % aller jungen Mädchen werden vor der Ehe schwanger. Das ist eine Bestätigung dafür, dass die Vaterliebe fehlt, weshalb sie dann die Liebe bei anderen Männern zu suchen.

Die Vaterschaftskrise schafft eine unglaubliche Dimension an Unzucht und Ehebruch. Bei Alleinerziehenden und Problemfamilien erhalten Kinder kaum Sexualerziehung, und das erhöht die Kinderprostitution, sexuelle Gewalt und verschiedene Formen sexueller Perversion. Der Mangel an Vaterschaft zerstört die Institution Ehe und Familie und fördert die Verführung durch die große Hure, die schon früher im Vorwort erwähnt wurde. Die Krise hat zur Folge, dass sowohl Männer als auch Frauen nicht mehr verstehen, was ihre eigentliche Bestimmung ist, und sie missbrauchen ihr Leben, indem sie offenen Ehebruch begehen. Sie ziehen ihre eigenen Kinder dann genauso auf, und der Teufelskreis setzt sich fort....

Gottes wichtigste Voraussetzung

Die Vertreter der stärkeren Hälfte des menschlichen Geschlechts haben in ihrer Berufung, Vater zu sein, versagt. Viele Jahre lang hat niemand der Vaterschaftskrise viel Aufmerksamkeit geschenkt. Gottes ursprünglicher Plan wurde zerstört, was dazu führte, dass Männer und Frauen sich recht unverantwortlich gegenüber ihren eigenen Kindern verhalten.

Was Gott zuallererst von jedem Mann erwartet, kann in einem Wort beschrieben werden: Verantwortung. Heute sagt Gott zu einem jeden Mann: „Übernimm die Verantwortung für das, was ich in dich gelegt habe! Handle verantwortungsbewusst mit dem Samen, den ich dir gegeben habe! Gib deinen Samen nicht ab, wenn du nicht bereit bist, für das Kind, das du zeugen wirst, geradezustehen, es aufzuziehen, zu schützen und zu erziehen. Zeuge kein Kind, wenn du nicht in der Lage bist, es zu einem würdigen Menschen zu erziehen, so wie ich den Menschen zu Beginn geschaffen hatte. Alles in meiner Schöpfung sollte sehr gut sein!"

Wenn ein Mann seine Kinder, das Erbe, das er in diese Welt gesät hat, nicht in guter Weise erhalten kann, dann wird er seine Bestimmung Gottes nicht erfüllen. Weil viele Männer nicht vernünftig geschult worden sind, haben sie nicht verstanden, dass ein großer Unterschied darin liegt, ein Mann oder ein Vater zu sein. Sie haben ihre männliche Berufung nicht verstanden. Und deshalb gibt es heute so viele zerstörte Ehen, die in der Scheidung enden, und viele wilde Ehen ohne Vater.

Wie sehr sich Männer doch irren, wenn sie glauben, bereit für die Ehe zu sein, nur weil sie einen guten Job haben, ein neues Auto und eine große Wohnung... Sie haben einfach nicht verstanden, was es bedeutet, ein Mann zu sein, und warum Gott den Männern diese Berufung gegeben hat. Männer haben nicht verstanden, dass nur ein Mann das Recht hat, sich einer Frau zu nähern, wenn er darauf vorbereitet ist, ein Vater und vor allem auch eine Vaterfigur für seine eigene Ehefrau zu sein.

Deshalb ist es die oberste Verantwortung der Eltern, nicht nur die Jungen, die Jugend und die jungen Männer zu unterrichten. Ihre Verantwortung beinhaltet auch, zukünftige Väter zu erziehen und auszubilden. Kinder folgen immer dem Beispiel ihrer Eltern. Männer müssen die für sie bestimmte Berufung im Leben kennen und sie erfüllen, damit sie für ihre Kinder ein angemessenes Vorbild sein können. Du kannst den Jungen sagen, wie sie sich anständig verhalten sollen, wenn sie aber in ihrem eigenen Vater kein angemessenes Vorbild haben, dem sie folgen können, werden auch noch so viele Worte nichts bei ihnen bewirken. Und wenn der Vater selbst niemals ein angemessenes Vorbild kennengelernt hat, was will er dann an seinen Sohn weitergeben? Man kann nicht etwas geben, das man nicht hat.

Sich selbst verstehen

Wir haben schon genug davon gesprochen, wie der Teufel das Leben der Menschen durch die Sünde der Unzucht und des Ehebruchs kontrolliert und manipuliert. Was ist der Grund dafür, dass sich der Mensch unterwürfig mit der schweren Last dieser Sünde belädt? Der Grund ist darin zu finden, dass der Mensch sich selbst und seine eigene Bestimmung im Leben nicht wirklich verstanden hat.

Sehr oft glauben Menschen, dass mit „Verstehen" (Anm. Übers. understanding kann auch mit Verständnis oder Erkenntnis übersetzt werden.) nur verstandesmäßiges Verstehen gemeint ist. In meinem Buch „The Understanding of God", habe ich die beiden Arten des Verstehens und den Unterschied, der zwischen ihnen besteht, genau erklärt.

Ich möchte dich an dieser Stelle einfach daran erinnern, dass dein Leben nicht verändert werden kann, wenn du etwas nur vom Verstand her verstehst, es sei denn, es wird zu einem echten Verstehen. Oft haben Menschen ein sehr gutes geistiges Verständnis, aber sie verhalten sich falsch und begehen weiterhin die Sünden, die tief in ihnen verwurzelt sind. Der Mangel an echtem Verstehen hält sie davon ab, irgendetwas in ihrem Leben zu verändern. Wenn wir also die Bibel lesen, begegnen wir sehr oft dem Wort Verstehen. Gott bestätigt uns auf diese Weise, wie wichtig es für uns ist, zu verstehen, was dieses Wort wirklich bedeutet. Die Tragödie des Lebens ist, dass viele Menschen das Leben haben, es aber nicht wirklich verstehen können. Sie verstehen nicht wirklich, warum Gott ihnen Leben gegeben hat, und warum sie dazu verpflichtet sind, richtig damit umzugehen.

So kann also auch ein Mensch mit einem gesunden Verstand und einem guten Maß an Vernunft und Intellekt in Unzucht oder Ehebruch geraten. Ein Mensch, der in diese Sünden fällt, zerstört sich damit selbst die wunderbare Möglichkeit, auf dieser Erde glücklich und erfolgreich zu leben. Er versteht sich selbst und das Leben nicht wirklich. So kann es geschehen, dass ein verheirateter Mann die Nacht mit einer anderen Frau verbringt, oder ein junges Mädchen friedlich bei einem Mann liegt, der nicht ihr Ehemann ist. Menschen verstehen nicht wirklich, was es bedeutet, ein Mann oder eine Frau zu sein. Weil ihnen das Verständnis fehlt, vergeuden Menschen ihr Leben, und das führt dazu, dass sie in Krankheiten, Probleme, Tragödien usw. verstrickt werden.

Sowohl Männer als auch Frauen gestalten ihr Leben unbewusst aufgrund dessen, was sie im Fernsehen sehen. Sie sehen dort freie Liebe, Ausschweifung und Gewalt. Die Menschen übertragen alles, was sie sehen, auf ihr eigenes Leben und beruhigen sich damit, dass alle anderen um sie herum genauso leben.

Ein Mensch besitzt nicht wirklich etwas, das er nicht versteht. Also kann ein Mensch, der das Leben nicht wirklich versteht, sein Leben auch nicht nach guten Richtlinien führen.

Weil ihm das echte Verständnis für das fehlt, was er hat, werden andere beginnen, über sein Leben zu herrschen. Wenn er fernsieht, sieht er, was andere Menschen tun, und wenn dann auch er solche Impulse aus seinem Inneren vernimmt, möchte er dasselbe tun. Er versteht nicht wirklich, was er hat. Er versteht nicht, was er tun muss, um sich korrekt zu verhalten. Er imitiert einfach andere. Ein solcher Mensch glaubt, ein guter Manager und Verwalter seines eigenen Lebens zu sein. Aber in Wirklichkeit ist er sich überhaupt nicht bewusst, dass nicht er, sondern andere über sein Leben herrschen.

Verstehst du wirklich, wer du bist, hast du Erkenntnis über dich selbst?

Wenn du ein Mann bist, dann beginne zu verstehen, was es bedeutet, ein Mann zu sein. Wenn du eine Frau bist, tue dasselbe, beginne zu verstehen, was es bedeutet, eine Frau zu sein. Wie sieht Gott eine Frau? Viele Menschen glauben, dass sich ein Mann und eine Frau nur darin unterscheiden, wie sie physisch geschaffen sind, und wie sie sich gegenseitig Vergnügen bereiten können. Eine solche massive Täuschung zerstört das Leben vieler Menschen und führt zu tragischen Konsequenzen.

Ein Mann ist von Gott geschaffen, um bestimmte Aufgaben und Pflichten zu erfüllen. Die höchste Bestimmung eines Mannes und seine wichtigste Aufgabe ist es, ein Vater zu sein. Vaterschaft ist die wichtigste Berufung eines Mannes. Sie ist der eigentliche Grund dafür, warum Gott ihn geschaffen hat.

Und Gott sprach: Lasst uns Menschen machen in unserm Bild, uns ähnlich! Sie sollen herrschen über die Fische des Meeres und über die Vögel des Himmels und über das Vieh und über die ganze Erde und über alle kriechenden Tiere, die auf der Erde kriechen!

Und Gott schuf den Menschen nach seinem Bild, nach dem Bild Gottes schuf er ihn; als Mann und Frau schuf er sie.

Und Gott segnete sie, und Gott sprach zu ihnen: Seid fruchtbar und vermehrt euch, und füllt die Erde, und macht sie euch untertan; und herrscht über die Fische des Meeres und über die Vögel des Himmels und über alle Tiere, die sich auf der Erde regen!

1.Mose 1:26-28

Gott gab dem Mann das Geburtsrecht, das Recht des Erstgeborenen. Er war der erste, der auf der Erde auftauchte. Das bedeutet, dass alles andere vom Mann kommen muss. Aufgrund dieses Geburtsrechtes erhielt der Mann das Recht, Samen auszusäen.

Und Gott sprach: Siehe, ich habe euch alles Samen tragende Kraut gegeben, das auf der Fläche der ganzen Erde ist, und jeden Baum, an dem Samen tragende Baumfrucht ist: es soll euch zur Nahrung dienen; 1.Mose 1:29

In dieser Schriftstelle steckt ein wichtiges Prinzip. Alles, was Gott in seiner ursprünglichen Form geschaffen hat, birgt den Samen für den Fortbestand seiner Art. Und auch der Mann, der der Ursprung oder der Erstgeborene der menschlichen Gattung ist, birgt den Samen für den Fortbestand seiner Art. Dieses Prinzip des Erstgeburtsrechts unterstreicht die Wichtigkeit des Mannes. Sein zukünftiges Erbe hängt von ihm ab. Jeder Mann ist der Urheber seiner Art, seiner Nachkommenschaft, der er das Leben gibt und für die er eine große Verantwortung vor Gott trägt. Das bedeutet, dass vieles, das das Leben auf der Erde betrifft, dem Mann übergeben und anvertraut wurde. Mit anderen Worten ist der Mann der Überbringer des Lebens. Der Mann gibt den Samen des Lebens ab. Der Mann ist die Quelle des Lebens. Viele Generationen hängen von einem Mann ab und davon, dass dieser wirklich verstanden hat, was die Bestimmung für sein Leben ist. Wenn ein Mann das nicht verstanden hat, wird er immer nachlässig seinem Samen gegenüber eingestellt sein, und nicht über die zerstörerischen Konsequenzen nachdenken, die das, was er gesät hat, treffen können.

Wenn ein Mann seinen Samen einfach nur verstreut, dann sät er von Anfang an nur Unkraut ins Leben; Drogenabhängige, Alkoholiker, Huren und Kriminelle.

Er hat sich schuldig gemacht, eine zügellose zukünftige Generation geschaffen zu haben, die er so wie auch sein eigenes Leben unter einen Fluch gebracht hat.

Der Boden für guten Samen sollte nach Gottes Plan nicht einfach eine Frau sein, sondern eine Ehefrau. Sie ist es, die einen edlen und fruchtbaren Boden bildet, der hervorragende Früchte hervorbringt. Nicht irgendeine Frau, sondern nur die Ehefrau kann eine echte Mutter werden, die dem Mann eine Hilfe ist, die gemeinsame Saat zu beschützen, zu erziehen und zu lehren. Das ist die Bestimmung der Frau; in allem die Gehilfin des Mannes zu sein. Deshalb ist die Sünde der Unzucht und des Ehebruchs eine der schwerwiegendsten Sünden, welche Gott verachtet. Es ist die Sünde, die die Institution Ehe zerstört. Gott hat die Ehe beabsichtigt, um den Fortbestand der eigenen Gattung zu wahren, und damit ein Mann und eine Frau, zusammen mit ihren Kindern, miteinander glücklich sein können.

Die Frau, die nicht die Ehefrau ist, hat kein Recht, den Samen des Mannes zu empfangen, weil es der Mann und nicht die Frau ist, der die Verantwortung für den Samen trägt. Der Mann ist derjenige, der seine Saat erziehen und lehren, sie versorgen und beschützen muss. Der Mann muss eine exakte Nachbildung seines Himmlischen Vater sein, der für seine ganze Schöpfung sorgt und dabei keine Sekunde lang die Bedürfnisse und Nöte jedes einzelnen vergisst.

> *damit ihr Söhne eures Vaters seid, der in den Himmeln ist! Denn er lässt seine Sonne aufgehen über Böse und Gute und lässt regnen über Gerechte und Ungerechte.* Matthäus 5:45

Gott ist kein verantwortungsloser Vater. Die üblen Taten der Menschheit haben es nicht geschafft, den Charakter Gottes und sein Wesen zu verändern.

Vaterschaft ist sein tiefstes Wesen, unveränderlich und unwandelbar. Er ist ein verantwortungsbewusster Vater. Er ist der Vater, dessen Liebe die Vielzahl unserer Sünden zudeckt.

In Krisen überwinden

Jeder Mann, der ein echter Vater werden möchte, muss ständig auf den Herrn schauen, denn durch ihn wird er lernen, wie er zu seinen eigenen Kindern sein sollte. Wir alle wissen, dass wir im Alten Testament Sinnbilder für die heutige Zeit finden.

Das Ende des Alten Testaments ist interessant:

Siehe, ich sende euch den Propheten Elia, bevor der Tag des HERRN kommt, der große und furchtbare.

Und er wird das Herz der Väter zu den Söhnen und das Herz der Söhne zu ihren Vätern umkehren lassen, damit ich nicht komme und das Land mit dem Bann schlage. Maleachi 3, 23,24

Die letzten Worte, ob nun in einem Buch oder im Leben eines Menschen, sind immer die wichtigsten und bedeutendsten. Die Worte, die Gott gebraucht, um das Alte Testament abzuschließen, sprechen von Ereignissen, die direkt vor dem Zweiten Kommen Christi auf diese Erde geschehen werden. Gott kennt die Folgen der Vaterlosigkeit sehr gut, die seit dem Sündenfall das Hauptproblem der Menschheit sind. Gottes Bestreben, das Herz seiner Kinder wieder zu ihm hin zu wenden, wurde durch das Sündopfer Christi vollbracht.

Durch seinen Tod erwirkte Jesus nicht nur Errettung und ewiges Leben für uns, sondern zog uns auch zurück zum Vater.

Jesus Christus kam auf diese Erde, um das Problem der Vaterlosigkeit zu lösen, welches eine wesentliche Ursache der sexuellen Perversion und anderer menschlichen Laster ist. Deshalb muss jeder Mann, der ein echter Vater werden möchte, zunächst einmal zu Jesus Christus kommen. Auf diese Weise wird die Vaterschaft wiederhergestellt. Jeder Mensch muss wiedergeboren werden, um wirklich verstehen zu können, was Vaterschaft ist und um ein echtes Kind seines Himmlischen Vater zu werden.

Das Buch der Sprüche ist ein Textbuch über Vaterschaft. Es ist ein Brief an uns, die wir auf der Erde leben, ein Brief an alle Väter, die wissen wollen, wie sie ihre Kinder behandeln sollten. Es zeigt uns, wie wir uns ihnen gegenüber verhalten , was wir ihnen raten und wie wir sie lehren sollen.

Mein Sohn, wenn du meine Reden annimmst und meine Gebote bei dir verwahrst,

indem du der Weisheit dein Ohr leihst, dein Herz dem Verständnis zuwendest, ja, wenn du den Verstand anrufst, zum Verständnis erhebst deine Stimme,

wenn du es suchst wie Silber und wie Schätzen ihm nachspürst,

dann wirst du verstehen die Furcht des HERRN und die Erkenntnis Gottes gewinnen. Sprüche 2:1-5

Es ist für uns der Schlüssel, unsere Stimme zum Verständnis zu erheben und beständig über das nachzusinnen, was in unserem Herzen ist. Wenn das Verständnis für uns so wertvoll ist wie ein jeder Schatz, dann werden wir Gottesfurcht erlangen. Verständnis vermittelt uns das Wissen um die Wege Gottes. Verständnis leitet uns in die Kenntnis Gottes, in die Kenntnis über das Leben und über uns selbst. Verständnis ist so wichtig, dass wir es wie Gold oder Silber suchen müssen, oder wie einen anderen kostbaren Schatz.

Dort wo es kein Verständnis gibt, ist der Missbrauch unvermeidbar. Menschen, die Familie haben und Ehebruch begehen, haben nicht verstanden. Junge Männer und Mädchen haben schon vor der Ehe Sex, weil sie nicht genügend Verständnis erworben haben. Frauen werden schwanger und treiben ab, und ihre Männer erlauben ihren Frauen aus Bequemlichkeit, ihre gemeinsame Frucht zu töten. Sie haben nichts verstanden!

Wenn du versuchst, etwas in Besitz zu nehmen (Reichtümer, Geld, eine Frau oder Kinder) bevor du Verständnis erworben hast, dann führt das zu einer dieser drei Konsequenzen: Verlust, Missbrauch oder Leid. Wenn du heiratest, ohne echtes Verständnis erworben zu haben, dann wirst du deine Frau missbrauchen, du wirst sie vielleicht verlieren, oder dein Familienleben wird ein Elend sein. Wir können tragische Schicksale dieser Art heute überall um uns herum sehen.

Wir sind jedoch nicht dazu verpflichtet, unter der Diktatur Satans zu leben. Jesus hat das Licht des Verstehens in unser Leben gebracht. Er kam, um verlorene Kinder zu ihrem Vater zurückzuziehen. Er ist der Weg zurück nach Hause, der Weg, einen Vater zurückzugewinnen, der Weg zu einem reinen und rechtschaffenen Leben, ein Leben ohne Unzucht und Ehebruch. Alle Vaterlosigkeit endet in Jesus Christus.

als aber die Fülle der Zeit kam, sandte Gott seinen Sohn, geboren von einer Frau, geboren unter dem Gesetz,

damit er die loskaufte, die unter dem Gesetz waren, damit wir die Sohnschaft empfingen. Galater 4:4,5

Die Prophetie Maleachis hat sich in Jesus Christus erfüllt. Nun haben diejenigen, die vaterlos aufgewachsen sind, die unehelich geboren und abgelehnt wurden, die nicht die Liebe eines Vaters erlebt haben, wahre Vaterschaft in Jesus empfangen. Die Vaterschaft ist wiederhergestellt worden. Der Fluch der Vaterlosigkeit wurde am Kreuz von Golgatha gebrochen. Wir sind zu Gott zurückgebracht worden, damit wir ihn zum Vorbild nehmen und ihn als Vater nachahmen. Sein Charakter sollte zu unserem Charakter werden. Sein Wert wird zu unserem Wert. Seine Taten werden zu unseren Taten. Wir müssen werden wir er, damit wir der Welt Jesus Christus zeigen können.

Goldene Wahrheiten

1. Die Vaterschaftskrise schafft eine unglaubliche Dimension an Unzucht und Ehebruch.
2. Gott erwartet von einem Mann zuallererst, Verantwortung für zukünftige Generationen zu übernehmen.
3. Wenn wir die Dinge vom Verstand her verstehen, kann das unser Leben nicht verändern. Wir müssen echtes Verständnis erlangen.
4. Vaterschaft ist das wichtigste Ziel und die Bestimmung im Leben des Mannes.
5. Das Erstgeburtsrecht gibt dem Mann das Recht, seinen Samen abzugeben.
6. Viele Generationen sind darauf angewiesen, dass der Mann seine Bestimmung im Leben verstanden hat.
7. Nur die Ehefrau, und nicht einfach irgendeine Frau, bildet den guten Boden, der hervorragende Frucht hervorbringt.
8. Die Frau, die nicht die Ehefrau ist, hat nicht das Recht, den Samen des Mannes zu empfangen, weil es der Mann ist und nicht die Frau, der die Verantwortung für den Samen trägt.
9. Jeder Mann, der ein echter Vater werden möchte, muss beständig auf den Herrn schauen, damit er von ihm lerne, wie er mit seinen eigenen Kindern umzugehen hat.

10. Jesus Christus kam auf diese Welt, um das Problem der Vaterlosigkeit zu lösen, welches eine wesentliche Ursache für sexuelle Perversion ist.

11. Mit Jesus Christus gewinnen wir einen Vater, und eine reine und rechtschaffene Lebensbahn ohne Unzucht, Lust oder Ehebruch.

Kapitel 7
Die kostbare Kraft der Heiligung

In den vorhergehenden Kapiteln haben wir deutlich gesehen, dass der Teufel nicht nur die Menschen in der Welt mit sexuellen Sünden angreift, sondern auch die, die sich Christen nennen. Der Grund, warum viele Christen fallen, ist eigentlich ganz einfach. Es mag seltsam erscheinen, aber viele von denen, die von Gott wissen, von seinen Wundern und seiner Salbung, kennen nicht wirklich Gott selbst. Sie haben ihn noch nie persönlich kennengelernt. Sie hatten noch nie eine enge persönliche Beziehung zu Gott. Der Apostel Paulus bestätigt das in seinem Brief an die Gläubigen in Korinth

Werdet in rechter Weise nüchtern und sündigt nicht! Denn manche sind in Unwissenheit über Gott; zur Beschämung sage ich es euch.

1.Korinther 15:34

Die wichtigste Eigenschaft Gottes

Nicht nur zur Zeit des Apostels Paulus, sondern auch heute gibt es einige Christen, die Gott nicht persönlich kennen. Bedauerlicherweise gibt es sogar unter den Pastoren und Leitern viele, die zwar von Gott wissen, aber keine persönliche Erkenntnis des Erlösers haben. Viele Christen können die Bibel sehr gut zitieren und redegewandt über den Glauben, die Heiligung und Liebe reden…

Sie lernen Fakten, Ereignisse und Prinzipien und geben ihr Wissen an andere weiter. Aber nur wenige einzelne kennen Gott wirklich. Die Wahrheit ist allerdings, dass nur ein Mensch, der ständig Gemeinschaft mit Gott hat und ihn kennt, wirklich Christ ist.

Die wichtigste Eigenschaft Gottes ist Heiligkeit. Heute haben wir, als Christen und Diener Gottes, ein verzweifeltes Bedürfnis nach Heiligkeit. Niemand hat das Recht, vor Gott zu stehen, so lange er nicht seine Heiligkeit widerspiegelt.

Wenn wir keine Heiligkeit haben, wie können wir dann über Gott reden und sein Ebenbild sein? Wir sind berufen, Botschafter Gottes zu sein. Er muss uns mit seinem Charakter erleuchten und uns mit seinem Odem, seiner Liebe, seiner Wärme und seiner Haltung gegenüber allem erfüllen. Wir müssen zu seinem Spiegelbild werden, dem Spiegelbild seiner Heiligkeit.

Wenn du mit Gott im Einklang bist, dann wirst du auch mit dir selbst im Einklang sein, du wirst mit anderen im Einklang, sogar im Einklang mit der Natur sein. Wenn du mit Gott vereint bist, wirst du seine Heiligkeit automatisch in jedem Bereich deines Lebens offenbaren. Die Sünde, einschließlich der Unzucht, wird sich dir nicht nähern können, weil du beständig lernst, so zu wandeln, wie es Jesus tat. Das ist das Geheimnis der Vollkommenheit. Deshalb konnte Jesus sagen:

Ihr nun sollt vollkommen sein, wie euer himmlischer Vater vollkommen ist. Matthäus 5:48

Gottes Macht und Stärke offenbaren sich in seiner Heiligkeit, so wie es im Leben der Menschen offensichtlich wird. Seine Worte werden zu unseren Worten, und seine Handlungen und unsere Handlungen werden identisch. Aber diesen glückseligen Zustand kann man nicht an einem Tag erlangen. Wir müssen uns danach ausstrecken. Wir müssen uns nach Gott und seiner Heiligkeit ausstrecken. Heiligkeit ist nicht was wir tun, sondern wer wir sind. Mache es dir zum Ziel deines Lebens, Gottes Charakter zu haben. Gott ist in dein Leben gekommen, damit er durch dich, dem Vertreter Christi, seinem Botschafter, die Welt mit sich versöhnen kann. Er möchte in jedem Christen leben.

Heiligung verherrlicht Gott, weil Gott heilig ist. Die Herrlichkeit Gottes kann die Sünde nicht antasten; die beiden sind unvereinbar. Deshalb verschwand die Herrlichkeit Gottes, mit der Adam und Eva bekleidet waren, als sie sündigten (1. Mose Kapitel 3). Daraufhin begann Adam, sich vor Gott zu verstecken. Alle Sünder laufen vor Gott davon, einschließlich Unzüchtige und Ehebrecher, aber die, die ihn kennen, sind mit seiner Heiligkeit erfüllt, und die Herrlichkeit Gottes bleibt ständig bei ihnen. Es ist kein Zufall, dass der Apostel Paulus an die Römer geschrieben hat:

Was sollen wir nun sagen? Sollten wir in der Sünde verharren, damit die Gnade zunehme? Römer 6:1

So wie jede Sünde trennt auch die sexuelle Sünde einen Menschen von der Gnade, von der Kraft, die ihm zu überwinden hilft. Erkläre der sexuellen Sünde den Krieg, mache es zu deinem Ziel, wie Jesus Christus zu werden, und du wirst die Herrlichkeit Gottes in diese Welt hineinbringen. Dann wirst du nicht länger versklavt werden, du wirst nicht mehr kämpfen müssen und dich anstrengen, um etwas zu bewirken. Gott selbst wird dir seine Gedanken, sein Herz und seine Wege offenbaren. Er wird dich lehren, wirklich stark zu werden und Angriffen und Versuchungen aller Art standzuhalten. Ein tiefes Verlangen nach Gerechtigkeit wird dich erfüllen. Du wirst ein unermüdlicher, unbesiegbarer Zeuge für das Evangelium sein. Seine Herrlichkeit wird ständig bei dir sein, und du wirst stets die Gnade Gottes ausstrahlen.

Sünde entzieht einem Menschen die Herrlichkeit und die Gnade Gottes.*denn alle haben gesündigt und erlangen nicht die Herrlichkeit Gottes* (Römer 3:23). Die Sünde ist unvereinbar mit der Herrlichkeit, Schönheit und Heiligkeit Gottes.

Wertschätze die Heiligkeit. Wertschätze den Wandel mit Gott, der uns seinen Segen schenkt.

Jagt dem Frieden mit allen nach und der Heiligung, ohne die niemand den Herrn schauen wird; Hebräer 12:14

Strebe nach dem Frieden mit Gott, und du wirst Heiligung erlangen. Strebe nach der Heiligung, ohne die niemand Gott schauen wird. Was macht es für einen Sinn, Pastor von tausenden oder Millionen Seelen zu sein, und dann selbst Gott zu verfehlen? Du darfst der Sünde der Unzucht oder des Ehebruchs nicht erlauben, in deinem Leben zu herrschen. Du darfst ihr nicht erlauben, dich von der Heiligkeit und Herrlichkeit Gottes zu trennen. Unzucht oder Ehebruch sind eine der stärksten Waffen des Teufels, die er gegen die Kinder und Diener Gottes einsetzt.

Der Teufel nutzt oft seine Mittel, um vor allem jene zu attackieren, die in ihrem Dienst für Gott bereits erfolgreich sind.

Wir müssen zu Gott laufen und nach der Erkenntnis seiner Herrlichkeit und Heiligkeit trachten. Christen müssen die Träger der Herrlichkeit und Heiligkeit Gottes sein. Dann werden ihre Taten von Gott predigen, weit mehr als ihre Worte.

Da dies alles so aufgelöst wird, was für Leute müsst ihr dann sein in heiligem Wandel und Gottseligkeit. 2.Petrus 3:11

Es spielt keine Rolle, wie erfolgreich du in deinem Leben und deinem Dienst bist, die einzige Kraft, die dich an der Spitze halten kann, ist die Kraft der Heiligung. Du kannst mit verschiedenen Mitteln an die Spitze gelangen, aber um dort zu bleiben, musst du Heiligung erworben haben. Du kannst Salbung empfangen, und die Salbung kann dich erhöhen. Du magst auch Menschen heilen und Pastor einer großen Gemeinde werden, aber die einzige Kraft, die dich in dieser hohen Stellung halten kann, ist die Kraft der Heiligung, die durch die Erkenntnis Gottes wirksam ist. Vor Menschen groß dazustehen ist nichts Besonderes. Das Wesentliche ist es, groß zu bleiben. Heiligung bewahrt uns, wenn wir Erfolg haben. Heiligkeit hält uns an der Spitze und hilft uns, sogar noch weiter emporzusteigen.

Alles, was du auf dieser Erde möglicherweise besitzen könntest, (Macht, Einfluss, Autorität, eine große Gemeinde oder einen mächtigen Dienst), wird am Ende vergehen.

Alles Zeitliche wird vergehen. Das einzige, was niemals zu existieren aufhören wird, ist die Liebe. Gottes Liebe ist voller Heiligkeit und Gottesfurcht. Das sind die Eigenschaften, nach denen wir uns ausstrecken und die wir in unserem irdischen Leben ergreifen müssen. Das sind die Dinge, die wir mehr wertschätzen müssen als alles, wonach uns sonst verlangt.

Der Vorteil der Heiligung

Es gibt nichts Wichtigeres bei unserem Wandel mit Gott als Heiligung und Gottesfurcht. Welchen Vorteil können wir aus der Heiligkeit Gottes ziehen? Warum ist es so wichtig, Heiligung zu erlangen?

Der erste Vorteil der Heiligung. Ein geheiligter Lebensstil baut eine Brücke des Vertrauens zwischen dir und den Menschen, die du leitest. Du musst transparent sein. Niemand folgt einem Leiter, die nicht so lebt, wie er andere zu leben lehrt. Solche Leiter haben keinerlei Autorität, weder im geistlichen noch im physischen Bereich. Dein geheiligtes Leben wird dir die Herzen der Menschen öffnen, und sie werden dir vertrauen können. Du wirst ihres Vertrauens würdig sein. Die Menschen werden Gott den Vater, der sie annimmt und tröstet, in dir und durch dich am Werk sehen.

Der zweite Vorteil der Heiligung. Heiligung ist das beste Mittel, um Menschen zu beeinflussen. Menschen tun immer das, was sie sehen und ahmen es nach. Die Bibel bestätigt das:

Denn es steht geschrieben: "Seid heilig, denn ich bin heilig."
1.Petrus 1:16

Du kannst die Menschen mehr beeinflussen, wenn du rechtschaffen lebst und sie lehrst, genauso zu leben. Gott ist heilig und ruft uns auf, ebenfalls heilig zu sein. Wenn du geheiligt bist, dann werden auch deine Nachfolger geheiligt sein.

Der dritte Vorteil der Heiligung. Wenn du ein Leiter oder Pastor bist, dann wird die Heiligung die Ebene deines Dienstes bestimmen. Wenn du auf hoher Ebene mit Gott wandelst, dann wird natürlicherweise auch die Ebene deines Dienstes und des Dienstes deiner Gemeinde auf hoher Ebene sein. Keine Gemeinde kann jemals auf einer höheren Ebene sein als ihr Leiter.

Der vierte Vorteil der Heiligung. Durch eine geheiligte Lebensweise wirst du das Ansehen und den Respekt der Menschen haben.

Der fünfte Vorteil der Heiligung. Heiligung wird deine Feinde zum Schweigen bringen. Sie wird sie entwaffnen.

Der sechste Vorteil der Heiligung. Ein Leben in Heiligung erfordert Disziplin, mit sich selbst im reinen zu sein und über die Sünde zu siegen. Wir haben schon erwähnt, dass der größte Sieg eines Menschen der Sieg über sich selbst ist. Nur wenn ein Mensch Jesus Christus kennt, kann er dessen Heiligkeit annehmen, die ihn dann auf die höchsten Gipfel der Herrlichkeit Gottes erhebt.

Der Kampf um die Heiligung

Das Ziel im Leben eines jeden Christen ist es, Gott zu sehen. Allerdings sagt uns die Bibel, dass niemand Gott sehen kann, es sei denn, er hat Frieden mit den Menschen gemacht und Heiligung erlangt.

Jagt dem Frieden mit allen nach und der Heiligung, ohne die niemand den Herrn schauen wird; Hebräer 12:14

Es ist sehr wichtig, diesen Teil der Heiligen Schrift zu verstehen. Manche Leute, die in eine Gemeinde gehen, nehmen sich die Freiheit, einen Liebhaber zu haben, als Paar ohne Trauschein zusammen zu leben, sich erotische Filme oder Pornomagazine anzusehen… Sie glauben, dass es niemand weiß und vergessen dabei, dass es jemanden gibt, der absolut alles über einen jeden von uns weiß.

Sie praktizieren weiterhin treu ihre geheimen Sünden und verschwenden keinen Gedanken an die Konsequenzen dieser Sünden in ihrem eigenen Leben und dem Leben derer, die von ihnen abhängig sind. Du kannst unter diesen Menschen geistliche Leiter finden, die berufen sind, Vorbilder für das Leben als Christ zu sein. Sie haben leider vergessen, dass ihre Sünden schon lange eine Mauer zwischen ihnen und Gott errichtet haben.

Niemand kann ohne Heiligung zu Gott kommen. Ohne Gottes Heiligung ist es unmöglich, ein Bürger des Himmels zu werden. Jeder Christ muss verstehen, wie wichtig es ist, nach der Heiligung zu streben. So lange wir hier auf der Erde leben, müssen wir darum kämpfen, Heiligung zu erlangen, weil die Heiligung uns nicht einfach automatisch zuteil wird. Wenn wir zu Gott umkehren und Jesus Christus in unser Herz aufnehmen, umhüllt Gott uns natürlich gnädig mit seiner Heiligkeit und Gerechtigkeit. Deshalb erscheint das Leben als Christ am Anfang so einfach. Es scheint, als gäbe es die Sünde für uns nicht mehr. Wenn wir dann aber geistlich wachsen, beginnt unser Leben unter die Angriffe des Teufels zu geraten.

Der Teufel weiß gut Bescheid über das Erbe, das wir von Gott empfangen haben. Er weiß, wie wertvoll die Errettung ist, und es ärgert ihn, dass er uns für immer verloren hat. Also versucht er, uns erfolglos zu machen, uns vom wahren Weg abzubringen und uns von der Gnade und Heiligkeit Gottes zu trennen. Seine Aufgabe ist es, uns einzufangen. Wenn er uns einen Stolperstein in den Weg legt und es uns nicht gelingt, der Versuchung standzuhalten, dann hat er gewonnen. Wir werden mit ihm zusammen in seinem Lager sein. Es wird keinen Unterschied zwischen ihm und uns geben.

Gott ist immer gerecht. Ein Sünder, der in die Gemeinde gegangen ist als auch ein Sünder, der in der Welt gelebt hat, kann in die Hölle zu kommen. Aber der Mensch selbst entscheidet sich für seinen Weg in die Hölle, wenn er ein Leben in Heiligung ablehnt. Gott gibt jedem Menschen, der zu ihm kommt seine eigene Heiligkeit als Geschenk. Er sieht uns als heilig in Jesus Christus an. Um aber diese Stellung, in der wir gerecht und heilig sind, bewahren und dauerhaft ein geheiligtes Leben führen zu können, müssen wir kämpfen.

Die Welt um uns herum und ihr System ist von der Diktatur Satans geprägt worden, damit so viele Menschen wie möglich in der Sünde versinken. Besonders verführerisch ist die Sünde der Unzucht und des Ehebruchs. Wie wir schon im Vorwort erwähnt haben, hat der Geist der Unzucht in diesen letzten Tagen viele Menschen zu Fall gebracht. Aber jeder Christ hat die Möglichkeit, den Listen des Teufels zu widerstehen. Du musst die feste Entscheidung treffen, Hand in Hand mit Jesus Christus durchs Leben zu gehen, und auf diese Weise mit seiner Heiligung erfüllt zu werden.

Das Leben eines Christen ist ein ständiger Kampf. Es ist ein Kampf um Heiligung. Wie oft erscheint es uns so, als sei irgendeine Sünde in unserem Leben endlich überwunden worden, nur um nach kurzer Zeit wieder aufzutauchen.

Wenn wir von der sexuellen Sünde frei werden wollen, dann müssen wir um diese Freiheit kämpfen. Wenn wir nachlassen, werden wir in ihrem Sumpf versinken. Sie ist heimtückisch und deshalb gefährlich. Sie versucht, uns von allen Seiten anzugreifen, durch unsere Gedanken, unsere Augen und unsere Gespräche… Wenn du nicht in Unzucht leben oder Ehebruch begehen willst, dann musst du gegen diese Versuchungen kämpfen. Es ist gefährlich zu glauben: „Oh! Ich bin schon frei davon!" Das Leben eines Christen ist ein ständiger Kampf mit ständigen Siegen. Wir müssen für die Heilung und für eine rechtschaffene Lebensweise kämpfen.

In modernen Gemeinden leben viele Menschen in Unmoral. Der eine lebt in Unzucht, während der andere masturbiert oder irgendeine andere Perversion begeht. Weil sie sich vor Verdammnis fürchten, verbergen sie ihre Sünde und zerstören sich damit selbst. Du musst wissen, dass es möglich ist, von Lust und Unzucht in deinem Leben frei zu werden, wenn du dich ganz bewusst entscheidest, die Sünde zu überwinden und zu entwurzeln.

Wir sind aus Gott geboren, deshalb müssen wir lernen, in Freiheit zu leben. Wir müssen lernen, wie Gott zu sein, heilig und gerecht, so wie er. Jesus Christus hat den Satan besiegt, und auch wir dürfen ihm nicht unterliegen.

Als junger Mann mochte ich viele Mädchen, als ich aber zu Gott fand, befreite er mich von dieser Ablenkung. Mich verlangte sehr danach, Gott zu gefallen, den ich mehr liebe als mein eigenes Leben. Deshalb bin ich bereit, um die Heilung zu kämpfen. Glaubst du, dass ich nicht versucht werde? Der Teufel ist ein großer Spezialist auf diesem Gebiet! Aber ich bleibe standhaft und kämpfe für meine Reinheit und Heilung. Ich lasse nicht zu, dieses wertvollen Geschenkes Gottes beraubt zu werden.

Sehr oft nehmen Christen eine liberale Einstellung zur Sünde ein, und vergessen dabei, dass sie eines Tages einfach nicht mehr in der Lage sein werden, umzukehren. Wir müssen wachsam und auf der Hut sein, wenn wir nicht von dieser Welt, in der wir leben, beschmutzt werden wollen.

Wie angenehm ist es, in Freiheit zu leben! Viele Christen denken, es sei nicht möglich und sie würden niemals frei von der

Sünde leben können. Es ist nicht möglich, frei von Versuchung zu sein, aber frei von Sünde zu leben ist möglich! Jesus Christus hat uns die Kraft gegeben, damit wir überwinden können.

Gerechtigkeit erhöht eine Nation, aber Sünde ist die Schande der Völker. Sprüche 14:34

Wir dürfen uns nicht erlauben, ein schmutziges, ungeordnetes Leben zu führen, weil es in der geistlichen Welt gar nicht edel ist zu sündigen. Wir bezahlen einen hohen Preis für die Sünde. Sie bringt Unehre, Schande und Zerstörung mit sich. Das mag physisch gar nicht sichtbar sein, aber wenn ein Mensch sündigt, stirbt etwas in seinem Inneren. Gott weiß, dass die Sünde gefährlich für unseren Organismus ist. Wenn wir in Unzucht oder in unbeherrschter Leidenschaft leben, stößt unser Gehirn eine giftige Substanz aus, die unseren Organismus zerstört.

Jede Sünde beginnt als Gedanke. Wenn es einen Menschen danach verlangt, mit einem anderen Mann oder einer anderen Frau Ehebruch zu begehen, dann beginnt dieser Ehebruch in seinen Gedanken. Bilder der Lust projizieren sich auf seine Gedanken, ähnlich wie bei einem Pornofilm, und bestimmte chemische Substanzen, die wie Gift für den menschlichen Stoffwechsel sind, werden in den Blutkreislauf geleitet und verbreiten sich im ganzen Körper.

Und das führt dann zu verschiedenen gesundheitlichen Problemen und Krankheiten, die es nicht gegeben hatte bevor dieser Mensch gesündigt hatte. Krankheit ist eine rechtmäßige Folge der Sünde. Die Sünde beeinflusst nicht nur den Körper des Menschen, sondern auch auf dessen Seele und Geist.

Über die Sünde erhaben sein

Christen müssen bewusst gegen die Sünde kämpfen. Wir sind Sieger in Jesus Christus. Sein Sieg wird dadurch bestätigt, dass er selbst über die Sünde erhaben leben konnte. Daraus folgt, dass ein jeder von uns, so wie Christus, über die Sünde erhaben sein kann.

Gerechtigkeit erhöht. Frieden erfüllt die Seele eines Menschen, wenn er von der Sünde frei wird. Er genießt diese Freiheit einfach. Sein Gewissen plagt ihn nicht mehr. Er muss nichts mehr verstecken. Er ist mit sich selbst im Reinen und nichts kann seinen Frieden stören. Die Bibel sagt, dass wir wie Christus sein werden, wenn wir an der Heiligung unerschütterlich festhalten.

Denn wir sind Teilhaber des Christus geworden, wenn wir die anfängliche Grundlage bis zum Ende standhaft festhalten.
Hebräer 3:14

Wir sind bereits zu Teilhabern Christi geworden, aber wir werden am Ende nur gerettet werden, wenn wir bis zum Ende unserer Tage unerschütterlich an seiner Heiligkeit festhalten.

Gott hält immer an uns fest, wenn wir an ihm festhalten. Wenn die Unmoral an deine Tür anzuklopfen oder dich zu ergreifen beginnt, musst du dich standhaft dagegen stellen. Nimm dir Bücher und Kassetten, die dir helfen, die Sünde zu erkennen. Schließ dich in dein Zimmer ein oder geh irgendwo hin, wo du alleine sein kannst, damit du Offenbarung empfängst und dich reinigen kannst. Du musst das Wort Gottes in dein Leben säen. Du musst kämpfen, bis du vollständig freigesetzt sein wirst.

Wenn mir irgendein schlechter Gedanke kommt, dann ziehe ich mich zurück und verbringe Zeit mit Gott, bis der Gedanke entwurzelt worden ist. Ich versuche, jede Sünde aufzuspüren, auch wenn diese nur versucht, meine Gedanken zu durchdringen. Ich strebe so wie Jesus danach, über die Sünde erhaben zu sein. Ich glaube, dass auch du dieses Verlangen hast. Darüber hinaus haben wir Christen auch gutes Material, das uns dabei unterstützt. Wir haben Bücher, CD's und, was das Wichtigste ist, Gottes Wort, das jede Dunkelheit vertreibt.

Das Leben eines Menschen gelingt durch all die guten Dinge, die von Gott kommen, gute Eigenschaften wie Demut, Bescheidenheit, Heiligung, Gerechtigkeit, die Ehrfurcht vor Gott und den Respekt anderen Menschen gegenüber. Der gerechte Mensch, der sein Vertrauen in Gott setzt, lebt ein Leben in der Wunder wirkenden Kraft Gottes. Sogar im Angesicht des Todes erfährt dieser Mensch Befreiung.

Gott erschuf den Menschen nicht für die sexuelle Unmoral. Der Mensch wurde für die Heiligung geschaffen, nur das kann ihm Leben geben. Prüfe dein Leben vor Gott. Stelle dich unter das strahlende Licht Gottes.

Lass Gott mit seinem heiligen Feuer alle Unreinheit aus deinem Leben ausbrennen. Erlaube ihm, diese Operation an dir durchzuführen. Eine Operation ist immer schmerzhaft, aber anschließend rettet sie dir das Leben.

Im Namen Jesus, schließe ich mich dir an und bete mit dir zusammen um Erlösung, Freiheit, Sieg, die Kraft des Geistes und einen freien Willen. Ich versichere dir, dass die Kraft bereits in dir ist, um die Sünde zu überwinden, um den Sieg zu bewahren und ein gutes, gesegnetes Leben zu führen.

Im Namen Jesu Christi, komme herab, Heiliger Geist, komme herab in deiner Macht! Stärke den Geist, das Herz, den Charakter und den Willen deiner Kinder! Umhülle sie mit deiner Kraft und deiner Gnade! Gib ihnen einen starken Glauben an dich, an deine Heiligkeit, an deinen Sieg und an deine Gnade!

Möge die Gnade Gottes in dein Leben fließen, damit du immer stark genug bist, um die Reinheit und Heiligkeit des Himmels durch dich aufleuchten zu lassen!

Goldene Wahrheiten

1. Die wichtigste Eigenschaft Gottes ist die Heiligkeit.
2. Niemand hat das Recht, ohne Heiligung vor Gott zu stehen.
3. Heiligung verherrlicht Gott.
4. Sünde ist mit der Herrlichkeit, Schönheit und Heiligkeit Gottes unvereinbar.
5. Um im Leben und im Dienst erfolgreich zu sein, musst du die Kraft der Heiligung haben.
6. Heiligung ist das beste Mittel, um Menschen zu beeinflussen.
7. Heiligung entwaffnet deine Feinde und bringt sie zum Schweigen.
8. Der größte Sieg, den ein Mensch haben kann, ist der Sieg über sich selbst.
9. Niemand kann ohne Heiligung zu Gott kommen.
10. Um von der sexuellen Sünde frei zu werden, musst du kämpfen.
11. Gerechtigkeit erhöht einen Menschen.
12. Wir werden gerettet, wenn wir an der Heiligung unerschütterlich festhalten bis zum Ende unserer Tage.

Epilog

Echte Freiheit

Wenn du dir die Propaganda für Unzucht und Ehebruch ansiehst, die in der ganzen Welt verbreitet ist, überrascht es nicht, dass es in unserer Gesellschaft als normal angesehen wird, gleichzeitig einen Ehepartner und einen Liebhaber zu haben. Es wird als normal angesehen, unverheiratet als Paar zusammenzuleben und intime Beziehungen außerhalb der Ehe zu haben usw. In der Welt ist diese Art von Verhalten nicht überraschend und wird von niemandem verdammt. Es wird als Freiheit bezeichnet.

Das Christsein bedeutet für die Welt dagegen eine ganze Liste an Verboten. Tatsächlich ist jedoch das genaue Gegenteil der Fall. Christus verkörpert wirkliche, wahre und echte Freiheit. Deshalb ist der Mensch, der Jesus Christus begegnet ist, der Freiheit begegnet. Jesus führt die Menschen nicht in Gebundenheit, er unterdrückt sie nicht. Er gibt der Welt Freiheit. Aber die Freiheit, die wir in Christus empfangen, ist in keiner Weise eine Freiheit, die uns erlaubt, unzüchtig zu leben. Christen sind frei von der Zügellosigkeit. Sie werden von Unzucht und Ehebruch nicht angezogen. Mit ihrer Freiheit entscheiden sie sich für ein rechtschaffenes, gottesfürchtiges Leben, und sie sprechen in jeder sozialen Schicht und in jedem Bereich unserer Gesellschaft davon. Das ist die Art von Freiheit, die wir von Jesus lernen. Er hat sich immer für die Wahrheit ausgesprochen. Er hat sich nie daran gestört, wie die Menschen um ihn herum auf seine Worte reagierten.

Das ist der eigentliche Grund, warum ich mich entschieden habe, dieses Buch zu schreiben. Heute ist die Sünde der Unzucht oder des Ehebruchs eine der am meisten verbreiteten in der Welt der Sünde.

Sie bringt Krankheit, Niederlage und Tod in das Leben der Menschen. Du wirst jedoch nur sehr wenig Literatur (nicht einmal christliche Literatur) finden, die das vergiftete Wesen dieser Sünde aufdeckt. Nicht nur weltliche Autoren, sondern auch Pastoren und Prediger versuchen, dieses Thema zu meiden. Sie fühlen sich nicht sehr wohl dabei, dieses Thema anzupacken.

Jesus Christus war selbst so frei, dass andere von den Worten, die er sprach, freigesetzt wurden. Das ist es, was Gott auch in uns sehen möchte. Er hat uns berufen, in derselben Freiheit zu leben. Ich bin frei genug, um nein zu sexuellen Beziehungen außerhalb der Ehe zu sagen. Ich bin frei genug, um zu sagen: „Ich bin Christ!", was bedeutet, dass ich ein gottesfürchtiger Mensch bin. Ich bin frei genug, um anderen zu sagen, dass die Sünde der Unzucht ihr Leben zerstören wird.

Wie frei bist du? Bist du bereit, nein zu sagen, wenn jemand kommt und dich in Versuchung führen will? Kannst du deinem männlichen Kollegen direkt sagen, dass seine Beziehung mit seiner verheirateten Arbeitskollegin keine Liebe ist (so wie es ihm vielleicht erscheint), sondern Sünde, was in ihrer beider Leben unweigerlich Unheil anrichten wird? Bist du frei genug, den Rat deines Freundes auszuschlagen, deinem wenig liebevollen Ehemann den Rücken zu kehren? Wie frei bist du, um den Weg der Heiligung zu wählen?

Jesus Christus hat niemals versucht, im Verborgenen zu wirken, um die Gesellschaft zu verändern. Er hat die Gesellschaft immer öffentlich herausgefordert. Wir Christen sollten so sein wie er. Wir müssen nicht im Verborgenen gegen den Verfall und die Zügellosigkeit in der Gesellschaft angehen. Auch wir müssen die Gesellschaft öffentlich herausfordern durch unser Vorbild an Reinheit und Heiligung, durch unser unbeflecktes und reines Verhalten. Wir Christen müssen der Welt vorleben, wie ein wahrhaft freies Leben aussieht, wie ein Leben aussieht, das frei ist von der Macht der Sünde. Wir müssen eine reine und unbefleckte Braut Christi sein.

Christen müssen wie Jesus sein und wirklich frei werden. Diese Freiheit muss im unwiderstehlichen Glanz ihrer Heiligung sichtbar sein.

Manchmal hören wir junge Leute noch sagen, dass es nicht modern ist, volljährig sein zu müssen, um vollständig aufgeklärt zu sein. Manche Menschen, die sich Christen nennen, tun einfach was sie wollen, und vergewissern sich dabei lediglich, dass sie nicht schlechter sind als alle anderen. Sie glauben, nur dann dazuzugehören, wenn sie nach außen hin einem bestimmten Standard entsprechen. Solche Menschen sind nicht frei. Ein wirklich freier Mensch weiß, dass Gott ihn so annimmt wie er ist, und ihm helfen wird, sich zu verändern und zu verbessern, damit er Gott ähnlicher wird und sich in sein Ebenbild verwandelt.

Nur ein Narr kann es gutheißen, in Sünde zu leben, nur um sich den Bräuchen dieser Welt anzupassen. Lasst uns frei genug sein, um die Sünde zu verachten.

Jesus war ein wahrhaft freier Mensch, und er hat diese Freiheit einem jeden von uns geschenkt; Freiheit von der Gebundenheit an die Sünde, Freiheit von dem Fluch der Unzucht und des Ehebruchs, Freiheit von dem Leid und der Demütigung des Ehebruchs; die Freiheit, um in Ehre und Würde zu leben; die Freiheit, einer jeden Sünde standhalten zu können, selbst in unseren Gedanken. Christus hat uns durch sein Opfer einen wahren und echten Frieden geschenkt. Jesus verändert das Denken der Menschen, er revolutioniert ihre Mentalität völlig. Gott möchte, dass wir wahrhaftig geistlich werden. Wir müssen uns von den Handlungen des Fleisches und den Traditionen dieser Welt verabschieden und zu wahren Kindern unseres himmlischen Vaters werden. Jesus Christus muss unser Vorbild darin sein, wie ein geistlicher Mensch leben sollte.

Die Bibel sagt, dass unser Körper der Tempel des Heiligen Geistes ist. Die Sünden der Unzucht und des Ehebruchs verunreinigen diesen Tempel. Deshalb dürfen wir es nicht zulassen, dass durch diese Dinge unser Körper verdorben und verunreinigt wird und ebenso wenig unsere Seele und unser Geist.

Es gibt echten Frieden in Jesus Christus!

Er rettete einen jeden von uns als die Sünde von unserem Leben Besitz ergriffen hatte, und er hat uns durch sein heiliges Blut reingewaschen. Wir sollten es der Welt also nicht erlauben, uns zu versuchen. Wir haben die Freiheit empfangen, den Willen Gottes zu erfüllen und ihm gehorsam zu sein. Wir sind in dem Maße frei, wie wir unser Leben nach der Bibel ausrichten, wie wir dem Bösen und der Sünde keinen Raum geben. Jesus war wahrhaftig frei, und auch wir müssen frei in ihm werden, denn wo der Geist des Herrn ist, da ist Freiheit. Erlaube dieser Freiheit einfach, deinen Geist, deine Seele, deine Gedanken und dein Herz auszufüllen. Wahre Freiheit ist das, was Jesus uns geschenkt hat. Also müssen wir unser Leben nicht nach den weltlichen Maßstäben gestalten. Diese Welt ist es nicht wert, mit Jesus verglichen zu werden. Wir sind als sein besonderes Volk geschaffen worden und sind deshalb wertvoll für Gott. Er sorgt für jeden einzelnen von uns. Er möchte, dass wir in allen Dingen Freiheit erlangen. Warum ist es dann so wichtig für uns, nicht darin nachzulassen, von Unzucht und Ehebruch freizuwerden?

Es wird aber der Tag des Herrn kommen wie ein Dieb; an ihm werden die Himmel mit gewaltigem Geräusch vergehen, die Elemente aber werden im Brand aufgelöst und die Erde und die Werke auf ihr im Gericht erfunden werden. 2.Petrus 3, 10

Das Wort Gottes warnt uns, dass die Welt, in der wir leben, mit all ihren vergänglichen Vergnügungen, die sie uns anbietet, zerstört werden wird. All das, was manchem kostbar erscheint, wird einfach verzehrt werden. Der Geist der großen Hure wird niedergeschlagen werden. All das wird unerwartet geschehen, deshalb warnt uns Gott schon im voraus, dass wir gottesfürchtig und rein leben sollten, damit wir als würdig angesehen werden, Jesus bei seinem Kommen zu begegnen. Unsere Heiligkeit und Reinheit muss eine höhere Ebene erreicht haben.

Da dies alles so aufgelöst wird, was für Leute müsst ihr dann sein in heiligem Wandel und Gottseligkeit,

indem ihr die Ankunft des Tages Gottes erwartet und beschleunigt, um dessentwillen die Himmel in Feuer geraten und aufgelöst und die Elemente im Brand zerschmelzen werden!

Wir erwarten aber nach seiner Verheißung neue Himmel und eine neue Erde, in denen Gerechtigkeit wohnt. 2.Petrus 3:11-13

Es ist es nicht wert, dass wir uns mit dieser Welt gleichstellen, welche ihre Hoffnung auf vergängliche Dinge gesetzt hat, Dinge, die bald zerstört sein werden. Wir haben gewiss eine bessere Berufung, eine bessere Hoffnung, eine Hoffnung auf das, was geistlich ist, auf Reichtümer, die im Himmel für uns aufbewahrt sind. Wir müssen frei von all den Lasten der Sünde werden. Wir müssen wahrhaftig frei werden. Wir müssen frei sein durch dieselbe Freiheit, die wir empfangen haben, als wir unsere Herzen für Jesus Christus öffneten.

In Jesus Christus gibt es wahre Freiheit von der Sünde der Unzucht und des Ehebruchs und anderer sexueller Sünden, und jeder Christ muss dafür sorgen, dass er diese Freiheit im Namen Jesu Christi erlangt! Durch die Erkenntnis unseres Herrn und Erlösers gewährt er uns, in sein Ebenbild verwandelt zu werden, damit wir der Welt seine Heiligkeit sichtbar machen können.

Anhang

Wenn du Jesus Christus noch nicht als deinen Herrn und Erlöser angenommen hast, lade ich dich ein, dich gerade jetzt im Gebet für ihn zu öffnen.

Gott wird dir wahre Freude, Frieden und Glück geben. Nur Gott kann alle deine Fragen beantworten. Er ist der einzige, der deine Probleme lösen kann. Wahre Freude bedeutet, mit Gott zu leben und an ihn zu glauben.

Gott liebt dich und er wartet auf dich. Er braucht dich.

Das Gebet des Sünders

Himmlischer Vater! Ich komme im Gebet zu dir und bekenne dir all meine Sünden. Ich glaube deinem Wort. Ich glaube, dass du jeden annimmst, der zu dir kommt. Herr, vergib mir all meine Sünden, sei mir gnädig.

Ich will nicht mehr länger so weiterleben. Ich möchte dir gehören, Jesus! Komme in mein Herz und reinige mich. Sei mein Helfer und mein Retter. Führe mich.

Ich erkenne dich, Jesus Christus, als meinen Herrn an. Ich danke dir, dass du mein Gebet gehört hast und ich nehme meine Erlösung durch den Glauben an. Ich danke dir, mein Erlöser, dass du mich so wie ich bin angenommen hast.

Amen

Wenn du dieses Gebet ernsthaft gebetet hast, hat Gott dich erhört und dir all deine Sünden vergeben. Gott ist jetzt dein Vater und Jesus ist dein Freund. Lese das Wort, lebe mit Gott und bete.

Der Heilige Geist ist die dritte Person der göttlichen Dreieinigkeit. Er ist derjenige, den Gott gesandt hat, um bei seinen Kindern zu sein. Der Heilige Geist überführt uns, wenn wir etwas Falsches tun. Er leitet uns zurück auf den richtigen Weg. Sehr oft betrüben wir ihn. Wenn wir in schwierige Situationen geraten und nicht sicher sind, was falsch und was richtig ist, dann hilft er uns, solange wir mit ihm in Einklang sind, die Situation mit Gottes Augen zu sehen. Der Heilige Geist wird dich lehren, zwischen wahrer und falscher Lehre zu unterscheiden. Er wird dir auch helfen, eine Gemeinde zu finden, in der Jesus Christus verherrlicht wird.

Das Gebet um die Taufe im Heiligen Geist

Nun bin ich wiedergeboren, ich bin Christ, ein Kind des allmächtigen Gottes. Ich bin gerettet! Herr, du hast in deinem Wort gesagt:

Lukas 11:13

Ich flehe dich an, Herr, erfülle mich mit dem Heiligen Geist. Heiliger Geist, erhebe dich in mir, wenn ich dich lobe. Ich glaube auch, dass ich in einer unbekannten Sprache sprechen werde.

Amen.

Pastor Sunday Adelaja und die Embassy of God

Pastor Sunday ist der Gründer und leitende Pastor der „Embassy of the Blessed Kingdom of God for all Nations" (Botschaft des gesegneten Königreich Gottes für alle Nationen) in Kiev, Ukraine. Er ist ein junger Leiter mit einer starken Vision. Der gebürtige Nigerianer besitzt eine apostolische Gabe und setzt diese für die Kirche des 21. Jahrhunderts ein. Schon jetzt mit Ende 30 hat er bewiesen, dass er einer der dynamischsten Verkündiger und Gemeindegründer dieser Welt ist. Er gilt als einer der jüngsten und erfolgreichsten Pastoren unserer Zeit und wird als einer der begabtesten Lehrer des Wortes Gottes angesehen.

In ungewöhnlicher Weise praktiziert er die Gaben Gottes, vor allem das Wort der Erkenntnis.

Seine Lehre und sein Einsatz dieser Gaben haben in nicht geringem Maße zu dem gewaltigen Wachstum seiner Gemeinde beigetragen.

Diese Gemeinde, die sich in einer einst unerreichten Gegend in Osteuropa befindet, zählt über 17.000 Mitglieder und hat bereits über 700 Tochtergemeinden sowohl in der früheren Sowjetunion als auch in 30 anderen Ländern der Welt, wie z. B. den Vereinigten Arabischen Emiraten, den USA, der Niederlande, Deutschland und Indien ins Leben gerufen.

Obwohl Pastor Sunday in Afrika geboren wurde, hat Gott ihm die Fähigkeit gegeben, allen Menschen zu dienen, egal welcher Rasse, Kultur oder Denomination sie angehören.

Seine Kirche in Kiev besteht zu über 90 % aus Europäern, wozu Russen, Ukrainer und andere Nationalitäten gehören. Weil das persönliche Wachstum jedes einzelnen so lebenswichtig für das Fundament der Gemeinde ist, ist die Hälfte der Gemeindemitglieder in freiwilligen Diensten involviert, dazu zählen auch die über 2000 Hauskreise.

Während der ersten zehn Jahre dieses Dienstes haben über eine Million Menschen ihr Leben Jesus Christus als ihrem persönlichen Herrn und Erretter übergeben.

Über den Einfluss, den Pastor Sunday in den Bereichen Gemeindewachstum, Gebet und Evangelisation hat, berichteten auch das Charisma-Magazin sowie andere christliche und säkulare Zeitschriften. Über das Fernsehen und Radio erreicht die Gemeinde wöchentlich etwa acht Millionen Menschen in der Ukraine und weitere Millionen durch wöchentliche TBN-Sendungen in Europa, Russland und Afrika. Auch war Pastor Sunday einer der Hauptsprecher beim „Global Pastors Network" (weltweites Pastoren-Netzwerk), das vom inzwischen verstorbenen Dr. Bill Bright ins Leben gerufen worden war. Die Gemeinde betreibt außerdem die „Stephania Soup Kitchen" (Suppenküche), die täglich 2000 Menschen mit Essen versorgt und durch Straßeneinsätze hunderte von bedürftigen und elternlosen Straßenkindern mit dem Evangelium erreicht.
Gott hat auch das „Love Rehabilitation Center" (Zentrum für die Rehabilitation der Liebe) gebraucht, um das Leben von mehr als 3000 Drogen- und Alkoholabhängigen zu berühren und sie von den Fesseln der Sucht zu befreien.

Um dieses Wirken Gottes in der ganzen Ukraine und anderen Ländern bekannt zu machen, hat Pastor Sunday mehr als 110 Bücher geschrieben und veröffentlicht, auch wurden tausende seiner Predigten aufgenommen und verbreitet. Er veranstaltet jährliche Pastoren- und Leiterschaftsseminare, an denen über 1000 Pastoren und Gemeindeleiter regelmäßig teilnehmen, und wo es um das Thema „Ohne Tränen Pastor sein" geht.

Er ist leidenschaftlich darum bemüht, diese Pastoren und Leiter mit der Kraft und dem Feuer zu entzünden, das sie brauchen, um ihre Städte und Länder zu verwandeln.

Heute geht der apostolische Dienst Pastor Sundays auch weit über die Grenzen der Ukraine hinaus, so dass er zu einem beliebten Sprecher und Lehrer für Pastoren in vielen Nationen der Erde geworden ist. Bisher hat er schon über 30 Länder besucht.

Pastor Sunday ist glücklich verheiratet mit seiner „Prinzessin" Bose, und sie sind mit drei Kindern gesegnet – Perez, Zoe und Pearl.

Weitere Informationen zur Godembassy

Mail: web@godembassy.com

Telefon:

+38 (093) 032-44-88
+38 (098) 900-92-59
+38 (093) 043-20-70
+38 (044) 331-02-58

Web: www.godembassy.com

www.pastorsunday.com

www.churchshift.org

sundayadelaja.de

sundayadelaja.com

in Deutschland: Tope Omotoye
www.itl-godembassy.de

History Makers

Postfach 200153
63468 Maintal.

Tel. +49 (0) 6986003618   Mobil: +4917627897188
E-Mail: itlhistorymakers@googlemail.com.

Natalja Potopaeva, Berlin

www.rad-des-lebens.com

Rad des Lebens e. V. Kölpiner Str. 3
12689 Berlin Telefon: 030 / 93 49 55 13

ALLE BÜCHER AUCH ALS IBOOK ERHÄLTLICH

Geld macht dich nicht Reich

Prinzipien für wahren Reichtum, Wohlstand und Erfolg
ISBN 978-3-8482-1051-0
Euro 29,00

Siegreich dem Teufel zum Trotz

Gelungenes Leben als Christ allen Widrigkeiten zum Trotz
ISBN 978-3-8448-0239-9
Euro 9,80

Ehe

Himmlische Atmosphäre in der Familie ist Gottes Wille
ISBN 978-3-8423-2839-6
Euro 9,95

ALLE BÜCHER AUCH ALS IBOOK ERHÄLTLICH

Familie, aber Hallo

Prinzipien für das Familienleben
ISBN 978-3-8448-1879-6
Euro 9,80

Erfolg im Dienst für Gott

Wie wird man ein Mensch, den Gott gebrauchen kann?
ISBN 978-3-8423-6592-6
Euro 9,95

Du und dein Pastor- Gottes Gaben richtig verstehen.

Vorwort Eduard Riedner Pastor i.R., Dresden
ISBN 978-3-8448-1861-1
Euro 9,80

ALLE BÜCHER IM BUCHHANDEL

ALLE BÜCHER AUCH ALS IBOOK ERHÄLTLICH

Die ganze Welt wartet auf dich

Prinzipien für wahren Reichtum, Wohlstand und Erfolg
ISBN 978-3-8482-1051-0
Euro 29,00

Weisheit

Gelungenes Leben als Christ allen Widrigkeiten zum Trotz
ISBN 978-3-8448-0239-9
Euro 9,80

Pastor ohne Tränen

Es ist möglich
ISBN 978-3-8482-0693-3
Euro ab 1. Juni 2013

ALLE BÜCHER AUCH ALS IBOOK ERHÄLTLICH

Der Weg zur Befreiung deiner Familie

Natalia Potopaeva
ISBN 978-3-8482-0244-7
Euro 11,95

Die Heiligung

Biblisches Trainingsprogramm Teil 2
ISBN 978-3-8482-2776-1
Euro 13,95

Erste Schritte mit Jesus

Biblisches Trainingsprogramm Teil 1
ISBN 978-3-8482-1067-1
Euro 16,90

ALLE BÜCHER IM BUCHHANDEL